Winterlicht

Nina Dreyer Hensley, Jim Hensley, Paul Løwe
Übersetzung von Frauke Watson

Lifestyle by Busse Seewald

Originalausgabe „Levende lys“

Deutsche Ausgabe:

Übersetzung: Frauke Watson, Callian/Frankreich
Satz: Punkt für Punkt GmbH · Mediendesign, Düsseldorf
Druck und Bindung: Korotan, Slowenien
gedruckt in Slowenien

ISBN 3-512-03296-6
ISBN 978-3-512-03296-7

Inhalt

Vorwort

Weihnachten – schon das Wort allein weckt viele Assoziationen.
Zuallererst denken wir dabei an Tradition, an das Weihnachten unserer Kindheit, an Vorfreude und Harmonie. Zwar träumen manche von uns noch immer von einem großen und üppigen Familienweihnachten im alten Stil, aber so etwas ist doch allmählich aus der Mode gekommen. Stattdessen sehnt man sich zunehmend nach mehr Einfachheit und nach etwas, das vielleicht ein wenig anders riecht und schmeckt.

Mit diesem Buch möchten wir Sie dazu anregen, neue Ideen auszuprobieren und dadurch vielleicht auch neue, ganz eigene Traditionen zu schaffen, um die lange, dunkle Winterzeit mit Licht zu erfüllen.

Das Weihnachten unserer Kindheit war rot, grün und gold und es duftete nach Plätzchen, Tannengrün und Weihnachtsgans. Wir wollen diesen altbewährten Tradtitionen ein paar neue Farben, Variationen und Düfte entgegen stellen, für das weihnachtliche Zuhause bis hin zu selbst gebastelten Geschenken und Grußkarten. Denn es gibt doch trotz allem nichts Schöneres als hausgemachtes Konfekt oder eine von den Kindern gezeichnete Weihnachtskarte! Wir haben unsere Ideen über eine lange Zeit zusammen getragen. Vielleicht wird daraus, zusammen mit Ihren eigenen Variationen, bald eine ganz neue Tradition entstehen – für ein schlichteres, sehr persönliches Weihnachtsfest!

Zwar ist das Weihnachtsfest vor allem den Kindern und der Familie gewidmet, aber zu dieser Zeit sind wir auch besonders gern mit guten Freunden zusammen. Wir haben eine Reihe von Serviervorschlägen für Gastgeber und Gäste, die sich an den traditionellen Weihnachtsmenüs bereits satt gegessen haben. Wie wäre es zum Beispiel mit frischem Salat, selbst gebackenem Brot und einem guten Käse? Hier finden Sie Anregungen für alle Arten von geselligen Anlässen, ob Festessen, Stehparties oder Picknicks.

In der dunklen Jahreszeit sind es vor allem frische Blumen und Kerzen, die im Haus für Licht und Farbe sorgen. Wir haben so viele Vorschläge dafür, wie Sie Ihre Umgebung im Winter mit Licht erfüllen können, dass wir das Buch danach benannt haben!

Der Titel Winterlicht soll jedoch auch darauf hinweisen, dass unsere Ideensammlung keineswegs nur für Weihnachten gedacht ist – die meisten davon lassen sich auf die gesamte Winterzeit anwenden.

Vor allem hoffen wir, dass unser Buch Sie auf eigene Ideen bringen wird, aus denen sich allmählich Ihre ganz persönlichen Weihnachtstraditionen entwickeln!

Licht und Glanz

Räucherspirale
Angenehme Gerüche sind in der Winterzeit besonders wichtig. Diese Räucherspirale aus Asien erfüllt das ganze Haus mit würzigem Duft.

Vorsicht mit brennenden Kerzen!

Ein paar Tipps zum Kerzen gießen:
Selbst gegossene Kerzen werden immer beliebter und mittlerweile gibt es farbiges Kerzenwachs und Gussformen in großer Auswahl zu kaufen. Doch gilt auch hier, wie so oft, das alte Motto: „Weniger ist mehr."

- Stearin- und Paraffinwachs zu gleichen Teilen verwenden.
- Das Kerzenwachs im Wasserbad schmelzen, d. h., in einem Gefäß, das in einem größeren Topf mit heißem Wasser steht.
- Die Gussformen müssen sauber und trocken sein. Leichtes Anwärmen führt zu besseren Resultaten
- Denn Docht nach Anleitung in der Gussform befestigen und das Wachs in die Form gießen.

Verwenden Sie nur Dochte aus Baumwolle. Hier gilt die Faustregel: dünne Dochte für kleine Kerzen und dicke Dochte für größere Kerzen.

Viel Spaß beim Kerzen gießen!

Leuchten mit Federn
Befestigen Sie einen Docht in einem normalen Trinkglas – z. B. mit einem Tropfen Heißkleber oder mit einem Spezial-Metallfuß. Das obere Dochtende um ein Holzstäbchen wickeln, das auf dem Glasrand aufliegt. Der Docht soll so straff wie möglich sein. Das heiße Wachs vorsichtig zugießen, damit das Glas nicht springt. Wenn das Wachs hartgeworden ist, mit einer Heißklebepistole rund um die Glasbasis Federn aufkleben.

Räucherwerk
In der dunklen Jahreszeit weiß man Wohlgerüche besonders zu schätzen. Hier ein Räucherstäbchen in einem Halter aus Mangoholz.

Kerzen in Dosen

Alte Blechdosen lassen sich wunderbar wieder verwenden – zum Beispiel zum Kerzen gießen. Paraffin- und Stearinwachs zu gleichen Teilen im Wasserbad erhitzen. Einen Docht in der Dose befestigen und das heiße Wachs zugießen. Die Dose nach dem Erhärten mit Schmuckband bekleben.

Teeglaslichter

Hier wurden statt der Blechdosen einfache Teegläser aus dem Orientshop verwendet. Die Gläser sollten vor dem Einfüllen des Wachses etwas erwärmt werden.

Adventsgesteck

Eine etwas rustikalere Variante des traditionellen Adventskranzes.
Vier kleine Pflanztöpfe aus Ton oder Terrakotta mit Moosy füllen und je eine Kerze hinein stecken. Sie sollen sicher stehen. Die Töpfe oben rund herum mit Moos belegen und gut wässern, damit das Moos schön grün bleibt und das Gesteck kein Feuer fängt.

Lange Kerzen
Beinahe weihevoll wirkt das Gesteck mit den langen, dünnen Kerzen. Ein dekoratives Honig- oder Senfglas mit Sand, Salz oder Zucker füllen und die Kerzen hineinstecken. Achtung, Tropfgefahr – stellen Sie das Ganze am besten auf einen Teller.

Reispapierleuchten
Hohe Gläser mit je einem Bogen Reispapier schräg umwickeln, die Enden mit einem Tropfen Klebstoff befestigen. Das vorstehende Papier um die Unterkante herum abschneiden, damit das Glas sicher steht. Um den oberen Glasrand einen Streifen Zickzack-Litze kleben.

Glasleuchten
Einfach, aber wirkungsvoll: Teelichter oder Votivkerzen in Glasgefäßen. Hier sind es alte französische Marmeladengläser.

Eislaterne

Dekorative Eislaternen heißen die Gäste schon draußen vor der Tür willkommen. Kaltes Wasser in einen Eimer geben und ein paar Zweige – hier von Olive und Stechpalme – hinein stellen. Den Eimer draußen stehen lassen, bis das Wasser gefroren ist. Dann den Eisblock heraus stürzen, oben ein Loch hinein hacken, das restliche Wasser ausschütten und ein Teelicht in die so erhaltene Höhlung stellen.

Leuchten mit Blättern

Die Blattleuchten wirken in der Gruppe am besten. Teelichtgläser rund herum mit grünen Blättern bekleben und mit einer dekorativen Bastschleife fixieren.

Selbst gegossene Kerzen

Beim Kerzengießen sind der Fantasie keine Grenzen gesetzt. Gussformen gibt es in den meisten Bastelgeschäften zu kaufen, aber es funktioniert zum Beispiel auch mit leeren Tetrapacks.

Für diese eindrucksvollen Kerzen haben wir eine schlichte Kerze in einen größeren Behälter gestellt und den Zwischenraum mit Kaffeebohnen, Zimtstangen und Anissternen gefüllt. Anschließend wurden die Zwischenräume vorsichtig mit flüssigem Wachs ausgegossen, sodass sich beide Teile zu einem Ganzen verbanden.

Beim Abbrennen verbreitet sich ein hauchfeiner Duft von Kaffee, Zimt und Anis!

Festschmuck

Duftkissen
Die kleinen Lavendelkissen aus bunten Seidenresten wurden mit Seidenband zu einem dekorativen, farblich abgestimmten Stapel zusammengebunden.

Weihnachtsstrumpf in Weiß

In Großbritannien hängen die Geschenke am ersten Weihnachtstag in einem Riesenstrumpf am Kamin oder am Fußende des Bettes. Bei uns dient so etwas eher zur Dekoration. Dieser Strumpf aus weißem Wollstoff ist mit einem Eiskristall aus Glasperlen bestickt.

Dafür eine Papierschablone anfertigen und auf dem rechts auf rechts gelegten Stoff fest stecken. Mit Nahtzugabe zuschneiden, das Stickmuster auf einer rechten Seite vorskizzieren und ausführen. Dann erst den Strumpf zusammen nähen.

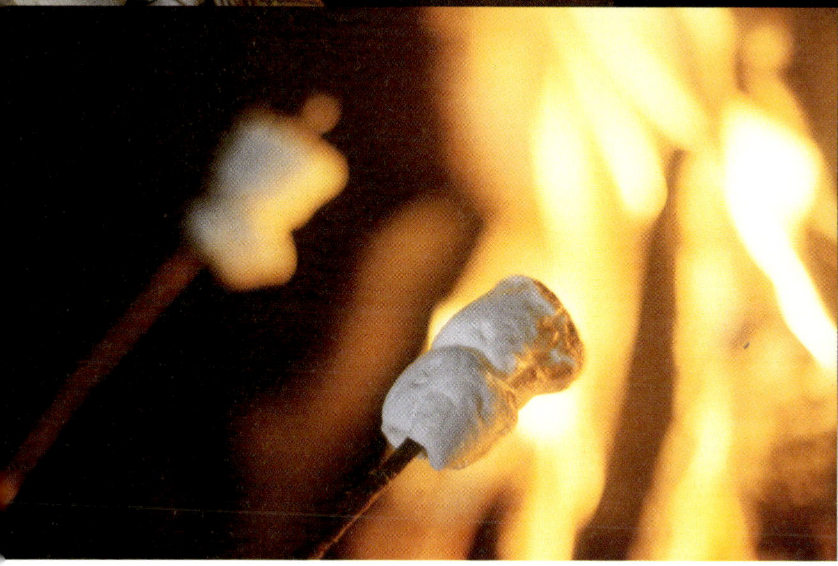

Adventsbaum

Warum nicht einmal ein Adventsbaum statt Kalender? Stellen Sie dafür ein paar kahle Zweige in eine große Vase. Wenn diese frisch aus dem Garten kommen, haben Sie vielleicht Glück und es sprießen ein paar grüne Blättchen – dafür müssen sie allerdings in Wasser stehen. Hier hängen 24 mit Wachs versiegelte Umschläge mit Gedichten und Zitaten in den Zweigen.

Dieser Weihnachtsstrumpf war einmal ein Strickpulli!

Kerzenmanschetten

Eine so einfache wie feuersichere Idee für selbst gemachte Kerzenmanschetten: Glasperlen auf Stahldraht auffädeln und für die „Zweige“ streckenweise zusammen drehen. Um ein Stück Draht in der Länge des Kerzenumfangs winden und zu einem Kreis zusammen biegen – fertig!

Adventskalender

Solche Stecktaschen aus Plastik gibt es in vielen Einrichtungsgeschäften zu kaufen. Wir haben selbst klebende Zahlen auf die Fächer geklebt und ein bunt verpacktes Päckchen hinein gesteckt. Wenn die Fächer nicht ausreichen, nummerieren Sie einfach die Päckchen und stecken diese zu mehreren in ein Fach, das sieht genauso schön aus!

Wollpompons

Solche Pompons haben wir wohl alle schon einmal in der Schule gebastelt. Wer hätte gedacht, dass sie als Christbaumschmuck genauso dekorativ sind wie an der Zipfelmütze?
Und so wird's gemacht: Zwei gleich große runde Pappscheiben mit je einem runden Loch in der Mitte zurecht schneiden. Je größer das Loch, desto voll wird der Pompon.
Wollfaden auf eine dicke Nadel fädeln und die aufeinander gelegten Pappringe damit gleichmäßig umwickeln, bis das Loch zu ist. Eine Schere zwischen die Pappscheiben führen und die Wollfäden rund um die Schablone herum durchschneiden, sodass sich ein Pompon bildet. Einen Wollfaden zwischen den Pappscheiben hindurch führen und gut verknoten. Die überstehenden Enden dienen als Schlaufe zum Aufhängen oder zum Festnähen auf der Mütze. Zum Schluss die Pappscheiben aufschneiden und vorsichtig entfernen. Den Pompon zurecht zupfen und überstehende Fadenenden abschneiden.

Christbaumspitze aus Glasperlen
Hier haben wir Glasperlen auf Metalldraht gefädelt, zu einem Stern gebündelt und mit dem überstehenden Drahtende an der Baumspitze befestigt.

Leuchter mit Glasperlen
Wie glitzernde Juwelen stehen die kleinen Glasleuchter in Reih und Glied. Sie enthielten einmal Babynahrung – nun sind sie mit einem Netz von auf Metalldraht gefädelten Glasperlen umhüllt.

Duftorangen

Solche Duftorangen gehören einfach zur Adventszeit dazu. Stecken Sie die Gewürznelken einmal zu dekorativen Mustern, damit lassen sich die erstaunlichsten Wirkungen erzielen!

Herzservietten
Nicht nur für die Adventszeit: Das Muster wird zuvor mit Bleistift auf schlichte weiße Stoffservietten vorskizziert und dann mit Stiel- oder Kettenstich nachgestickt.

Knallbonbons ohne Knall
Hübsch als Tischdekoration: Stecken Sie eine kleine Überraschung in eine Papprolle und wickeln diese in eine Stoffserviette. Die Enden mit bunten Schleifen zubinden.

Filzbäumchen

Zwei Pappschablonen anfertigen – eine rundherum etwas größer als die andere. Danach aus verschieden farbigem Filzbäumchen zuschneiden. An dem größeren oben einen Streifen zum Aufhängen stehen lassen, das kleinere Bäumchen mit Sternen besticken. Die Filzstücke aufeinander legen und mit dekorativen Heftstichen zusammen nähen.

Christbaum-Täschchen

In diesem Täschchen aus bunten Seidenresten stecken süße Überraschungen für die Kinder. Versuchen Sie es auch einmal mit einzelnen Blüten.

Strickherzen

Werfen Sie den kaputten Lieblingspullover nicht einfach weg: Man kann daraus sogar Weihnachtsdekorationen basteln! Die Herzen nach Pappschablone zuschneiden, rechts auf rechts zusammen nähen, wenden und mit Watte füllen. Aus passender Wolle ein Aufhängeband häkeln.

Fotoanhänger

Warum nicht einmal einen „Stammbaum" zu Weihnachten? Schneiden Sie Fotos oder Fotokopien mit einer Konturenschere zurecht und befestigen einen Anhänger aus Metalldraht an der Rückseite.

Drahtherzen

Herzig! Farbig abgestimmte Glasperlen und Pailletten auf Metalldraht fädeln und zu Herzen biegen. Den Aufhänger nicht vergessen.

Die kleinen bunten Stoffherzen sind mit Glasperlen bestickt.

Ein belesener Christbaum

Die Seiten eines alten Buches, mit Drahtaufhängern versehen, verhelfen dem Christbaum zu Wortgewalt.

Kerzen mit Herzen

Ein Stück Stahldraht an einem Ende zu einem Herz biegen, dieses mit weißem Papier hinterkleben und knapp ausschneiden. Mit dem anderen Ende an einem Kerzenhalter befestigen. Achtung: Das Herz sollte mindestens 15 cm Abstand zur Flamme haben.

Filzherzen

Aus rotem Filz mit der Zackenschere Herzen zurecht schneiden und je zwei entweder zusammen nähen oder mit Klebstoff entlang der Außenkanten zusammen kleben, eine Öffnung stehen lassen. Mit Watte ausstopfen, die Öffnung schließen und einen Aufhänger aus Metalldraht anbringen.

Weihnachtsstrümpfe
Warten auf den Weihnachtsmann: In England werden am Heiligen Abend solche Strümpfe ans Bett gehängt. Am Morgen sind sie voll von Geschenken. Diese Filzstrümpfe sind mit Applikationen und bunten Bändern verziert.

Süßer Weihnachtstraum
Eine nette Weihnachtsüberraschung: ein Christbaum ganz allein für die Kinder. Er ist mit Bonbonketten, Lollies und Zuckerstangen geschmückt. Die bunten Krückstöcke aus Zucker sind eine traditionelle anglo-amerikanische Weihnachtsleckerei.

Herzbäumchen
Einen Tontopf mit Moosy füllen, ein dickes Aststück hinein stecken und gut fest kleben. Aus Moosy ein Herz zurecht schnitzen und auf dem Stamm aufkleben. Anschließend alle Moosy-Oberflächen mit Heißkleber dicht an dicht mit Moos bedecken.

Glaskugeln
Zu schade für den Christbaum: in einer schlichten Schale kommen besonders schöne Glaskugeln noch besser zur Geltung.

Eis-Schale
Diese Schale besteht aus Eis – wunderbar zum Servieren von Eiskrem oder Obstsalat. Sehr effektvoll auch Kerzenleuchter! Füllen Sie eine Plastikschüssel mit Wasser, stellen eine kleinere hinein und beschweren diese so weit, dass das Wasser bis zum Rand der Schüssel reicht. Das Ganze in den Gefrierschrank stellen oder, wenn möglich, draußen gefrieren lassen.

Schneekristall
Anleitungen für so einen Schneekristall aus Glasperlen und Metalldraht gibt es im Bastelgeschäft in großer Auswahl. Ganz Geübte zeichnen ihre eigenen Entwürfe auf einen Bogen Papier.

Tischkarten
Hier wurden Sterne aus Filz mit Glasperlen und Buchstaben bestickt und auf ein Stück Karton geklebt.

Serviettenringe
Je zwei Blätter aus Filz zuschneiden (eines etwas größer als das andere), aufeinander legen und mit farblich abgestimmtem Sticktwist durch beide Schichten hindurch die Blattadern aufsteppen. Anschließendauf ein Stoffband aufkleben, mit dem die Servietten zusammen gebunden werden.

Granatäpfel

Auf ein Stück Metalldraht je eine runde und eine Stabperle fädeln (hier je zehn Stück), den Draht zusammen drehen und zu einem Stern formen. Die überstehenden Enden nicht abschneiden, denn damit stecken Sie die Ornamente in Äpfel, Granatäpfel, Kerzen oder was Ihnen sonst noch so einfällt!

Nina
Paul
Jim

Festtafel in Rosa, Weiß und Blau
Über den niedrigen Blumenschmuck hinweg können sich alle Gäste gut sehen. Einfache Gläser dienen nicht nur zum Trinken, sondern auch als Vasen und Kerzenleuchter. Selbst das Essgeschirr ist so schlicht gehalten, dass man sich in Ruhe dem Wesentlichen widmen kann: gutem Essen und netter Gesellschaft. Obstgang und Tischkarte zugleich sind die frischen Birnen mit Zweiglein und Namenskärtchen!

Girlanden
Wer gerne mit der Laubsäge umgeht, wagt sich an so eine nostalgische Weihnachtsgirlande: Figuren auf Pappe vorzeichnen und auf Sperrholz übertragen. Aussägen, anmalen und Löcher für die Montierung aus Stahldraht bohren.

Popkornschnur
Nadel, Faden und Popkorn – mehr braucht man nicht. So eine Girlande können selbst kleinere Kinder schon basteln und das Allerbeste ist, dass man sie hinterher aufessen kann!

Grußkarten und Geschenke

Herzkarten
Ein 20 x 25 cm großes Rechteck aus Wellpappe ausschneiden und in der Mitte falten. Das Herz aus einem Stoffrest oder einem alten Strickpulli zuschneiden und sorgfältig aufkleben.

Schneemann
Für den Schneemann haben wir drei weiße Knöpfe auf ein Stück Karton genäht – mit rotem Faden für den Mund und schwarzem Faden oder Glasperlen für die Körperteile. Der Schal besteht aus Sticktwist. Auf die Innenseite einen frischen Bogen Papier kleben, damit die Knoten nicht zu sehen sind.

Weihnachtsbaum
Einen Bogen Aquarellpapier oder anderen starken Karton in der Mitte falzen und für den gewünschten Umschlag passend zurecht schneiden.
Aus grünem Papier vier 15 cm lange Streifen in verschiedenen Breiten zuschneiden und zu einem Leporello (wie eine Ziehharmonika) falten. Wie auf der Abbildung gezeigt zwischen die Innenseiten der Klappkarte kleben. Darüber einen Stern aus Silberpapier befestigen.
Für den Christbaumfuß ein etwa 5x7 cm großes Rechteck zuschneiden, in der Mitte links auf links einmal falten, dann die Außenkanten noch einmal rechts auf rechts zur Mitte hin falten. Die Außenkanten wie gezeigt an der Karte festkleben. Anschließend in die Außenkanten der Karte zwei Löcher stanzen, Geschenkband durchziehen – fertig!

Pop-up-Karten

Solche Karten zu basteln, macht wirklich Spaß! Es ist leichter, als es aussieht – wenn man erst einmal den Bogen heraus hat, sind der Fantasie keine Grenzen gesetzt. Unbedruckte Grußkarten gibt es im Bastelgeschäft komplett mit Umschlag fertig zu kaufen, aber Sie können auch bunten Karton im DIN A4-Format verwenden – ein Bogen reicht für zwei Klappkarten.

Papierwald

Karte zusammen klappen und von der Falzkante ausgehend im Abstand von 2 cm vier verschieden breite senkrechte Streifen für die Baumstämme einzeichnen. Achtung: sie müssen verschieden lang sein (hier sind es 3, 5, 3 und 5 cm), damit die Bäume sich hinterher nicht im Weg stehen. Die Streifen an den vorgezeichneten Linien entlang einschneiden. Karte aufklappen und den Innenfalz der Streifen in der Gegenrichtung knicken, sodass diese beim Öffnen der Karte nach innen stehen.

Aus grünem Karton (gern in verschiedenen Farbnuancen) vier verschieden große Dreiecke ausschneiden – die langen Kanten mit der Zackenschere – und auf die „Stämme" kleben.

Zuletzt einen Stern aus Silberdraht an einer Baumspitze befestigen.

Geschenkpaket

Karte zusammen klappen und von der Falzkante ausgehend zwei 4–5 cm lange senkrechte Linien einzeichnen. Der Abstand zu Ober- und Unterkante soll rund 5 cm betragen. Entlang den vorgezeichneten Linien einschneiden. Karte aufklappen und den Innenfalz zwischen den Einschnitten in der Gegenrichtung knicken, sodass sich ein dreidimensionales „Paket" bildet. Die Karten entlang der Außenkanten etwas beschneiden und auf eine anders farbige größere Karte kleben. Geschenkband und Schleife auf das „Paket" kleben.

Weihnachtskarten

Sterne
Für die Sternkarte wurden mit normalem Nähgarn silberfarbige Glasperlen auf die Karte aufgestickt. Innen einen neuen Bogen gegen kleben, um die Knoten zu verdecken.

Weihnachtsbäume aus Geschenkband
Geschenkbandabschnitte mit etwas Zwischenraum übereinander auf die Karte legen, eventuell mit einem Tropfen Klebstoff fixieren. Mit der Nähmaschine wie gezeigt zusammen nähen, dann mit der Zackenschere die Baumkonturen zurecht schneiden.

Weihnachtsbaum aus Papier
Einen Tannenbaum aus farbigem Papier zuschneiden und mit der Nähmaschine auf die Karte aufnähen – fertig.

Reispapier
Japanpapier in verschiedenen Farbschattierungen ist äußerst effektvoll! Als Geschenkband dienen entweder Streifen aus anders farbigem Papier oder auf Stahldraht gefädelte Glasperlen, natürlich ebenfalls Ton in Ton! Die Drahtenden wurden zu einer kleinen Blüte zusammen gedreht.

Tüten
Die Tüten aus weißem Transparentpapier sind mit einem originellen Verschluss aus Stahldraht und Holzperlen versehen.

Perlenschmuck
Geschenkband einmal anders: Ein paar Lagen Silberdraht mit einer dekorativen Blüte aus Draht und Glasperlen. Das Paket darunter ist mit Ripsband verschnürt.

Pakete aus Flanell
Ein Stück Wollflanell mit einer Zackenschere zurecht schneiden und mit einem Eiskristall aus Glasperlen besticken. Zum Beschriften wird auf die Rückseite ein Stück Karton geklebt – das kaschiert außerdem die Fadenenden und hält das Kärtchen steif.

Buchstaben aus Glasperlen

Für diese dekorativen Paketanhänger haben wir zunächst die Buchstaben in der gewünschten Form auf Papier vorgezeichnet und Glasperlen auf feinen Draht gefädelt. Dann wurde der Perlendraht auf dem Papier in Form gebogen und mit Seidenband auf dem Paket befestigt.

Federschmuck

Ein Geschenk für die kleine Fee: das weiße Japanpapier wird mit einem hauchfeinen Silberdraht gehalten, an dessen Enden zarte Federn schweben.

Paketkarten
Hier kann man seine Fantasie nach Herzenslust spielen lassen.

Aus Transparentpapier
Das Geschenk ist schlicht, aber effektvoll in rosa Transparentpapier und Ripsband in verschiedenen Rottönen verpackt – da sorgt der Paketanhänger mit der Blüte aus Glasperlen und Metalldraht für den spielerischen Kontrapunkt.

Verpacken
Lassen Sie bei der Verpackung einmal die Strukturen sprechen: verschiedene Papiersorten, Stoffe, Metallfolien und Geschenkbänder – die Auswahl ist enorm! Da ist es besser, sich bei der Farbwahl etwas zurück zu halten: Ton in Ton ist hier effektvoller als allzu kontrastreiche Farben!

Papiertüten
Perfekt für Geschenkgutscheine und Banknoten: schlichtes weißes Papier, zur Tüte gefaltet und mit einem dekorativen Band oder einem Zweig verschlossen!

Wintergrün

Blumen und Grünpflanzen sind im Winter und zur Adventszeit ganz besonders wichtig – nicht nur aus Gründen der Tradition, sondern ganz einfach, weil wir in der kalten Jahreszeit gern etwas Lebendiges und Farbenfrohes um uns haben. Etwas, das uns in dieser dunklen Zeit an die Wärme und Farbenpracht des Sommers erinnert.

Bei der Wahl der Wintergewächse sind jedoch die Geschmäcker sehr verschieden. Die einen umgeben sich mit Massen von leuchtend roten Weihnachtssternen, während andere die elegante Klarheit von weißen Zwiebelpflanzen in transparenten Glasgefäßen vorziehen. Was auch immer Sie selbst wählen, wird jedoch die Herausbildung Ihrer höchstpersönlichen Weihnachtstraditionen entscheidend prägen. Fühlen Sie sich auf keinen Fall dazu verpflichtet, rote Weihnachtssterne zu kaufen, nur weil dies der gängige Brauch ist. Wenn Sie sich statt dessen mit Pflanzen umgeben, die Ihnen wirklich Freude machen, wirkt sich dies sofort positiv auf die gesamte Umgebung aus!

Ein schlichter Kranz

Am allerschönsten ist doch immer noch ein schlichter grüner Kranz aus Tannenzweigen. Man beginnt mit einem Rohling aus Stroh oder Metall vom Blumenhändler. Darauf werden nach und nach Büschel von grünen Zweigen leicht überlappend aufgelegt und fest mit Blumendraht umwickelt. Versuchen Sie es auch einmal mit Efeu oder Stechpalme!

Ein paar Tipps, damit Sie an Ihren Winterpflanzen lange Freude haben:

- Wählen sie kräftige Pflanzen mit frischen Knospen und bedenken Sie, dass Qualität ihren Preis hat.

- Eine neu gekaufte Pflanze soll niemals sofort in die warme Stube, sondern zunächst an einen kühlen Ort wie zum Beispiel den Hausflur gestellt werden. Das gilt auch für Chrsitbäume und Tannengrün!

- Alpenveilchen haben es gern kühl – man sollte sie daher nicht in die direkte Sonne oder in die Nähe einer Wärmequelle (Kamin oder Heizung) stellen. Häufig gießen, jedoch am besten in den Untersatz, damit die empfindlichen Wurzeln nicht faulen.

- Zwiebelpflanzen und Amaryllis brauchen viel Wasser, sobald sich die ersten Triebe zeigen. Sie halten länger, wenn man sie nachts in einen kühlen Raum stellt.

- Azaleen brauchen viel Wasser und dürfen vor allem nicht austrocknen. Stellen Sie den Topf ein paarmal pro Woche solange in ein Gefäß voll Wasser, bis sich keine Blasen mehr bilden.

- Weihnachtssterne und Begonien hingegen dürfen auf keinen Fall zuviel gegossen werden, sonst sterben sie ab. Das Substrat soll vor dem Gießen jeweils gut antrocknen.

- Tulpenzwiebeln setzt man so in mit Sand vermischtes Substrat, dass die Spitze gerade noch heraus schaut. Gut gießen und kühl stellen. Wenn sich die ersten Triebe bilden, können sie ins warme, helle Zimmer gestellt werden. Bis zur Blüte dauert es 6 bis 7 Wochen.

- Tulpensträuße halten länger, wenn man die Stiele mit einem scharfen Messer kappt und sofort in kaltes Wasser stellt. Nachts in einen kühlen Raum stellen.

Mistelstrauß
In Großbritannien wird zur Weihnachtszeit ein Mistelstrauß an die Decke gehängt. Alle, die darunter stehen, dürfen geküsst werden. Misteln sollten nach dem Aufhängen mehrmals am Tag mit Wasser besprüht werden.

Schneekristall
Der Schneekristall wird zunächst aus starkem Metalldraht vorgeformt. Anschließend befestigt man darauf mit grünem Blumendraht dünne Tannenzweige.

Herz aus Zweigen
Schlicht, aber effektvoll: Das attraktive Herz besteht aus roten Hartriegelzweigen. Frische Zweige lassen sich leichter formen. Zum Fixieren wurde Blumendraht verwendet.

Blumenzwiebeln in Gläsern

Beim Kauf von Zwiebelpflanzen sollte man darauf achten, dass diese fest und gesund sind. Dann ein Gerüst aus Zweigen auf ein mit Wasser gefülltes Glasgefäß legen und die Zwiebel darauf setzen. Das Wasser soll genau bis an die Zwiebel reichen. Das Gefäß kühl und dunkel stellen. Wenn sich die ersten Lebenszeichen regen, auf eine helle, warme Fensterbank stellen. Bis zur Blüte dauert es 10 bis 12 Wochen.

Blumenzwiebeln im Blumentopf

Hier wurden drei Hyazinthenzwiebeln zusammen in einen Blumentopf gesetzt. Die Abdeckung aus Kieseln ist nicht nur dekorativ, sondern hält auch die Feuchtigkeit im Substrat.

Winter-Stillleben

Die weiße Begonie steht in einem moosbedeckten Übertopf. Sie mag es gern kühl und darf nicht direkt in der Sonne stehen. Gießen Sie in den Untersatz, jedoch nicht zu viel, da die Blätter sonst zu hängen beginnen. Welke Blüten und Blätter stets abknipsen, damit die Pflanze länger hält.

Korallenbeere

Man sieht gleich, woher die Korallenbeere (Ardisia crenata) ihren Namen hat. Sie braucht relativ wenig Wasser, verträgt jedoch keine direkte Sonne. Am besten benetzt man sie einmal am Tag mit der Sprühflasche. Im Frühjahr bilden sich winzige weiße Blüten.

Ein festlich gedeckter Tisch, ganz in Weiß und Grün gehalten: Den Tischläufer aus hauchfeinem Leinen säumen zwei schmale Girlanden aus Olivenzweigen. Dazwischen wechseln sich weiße Anemonensträuße ab
mit Leuchtern aus Glas und Keramik.

Orchideen

Orchideen werden bei uns immer beliebter als Weihnachtsblumen. Als Tropenpflanzen brauchen sie eine hohe Luftfeuchtigkeit und sollten daher regelmäßig mit Wasser eingesprüht werden. An einem hellen, kühlen Standort halten sich die Blüten mehrere Monate lang. Nach der Blüte wird der Stängel abgeschnitten – wenn Sie Glück haben, bildet sich später ein neuer.

Moos

Wenn man Zwiebelgewächse in Substrat gepflanzt hat, ist es eine gute Idee, die Oberfläche mit Moos abzudecken. Das ist nämlich nicht nur dekorativ, sondern hält auch die Blumenerde feucht!

Krokus

Für die meisten von uns ist der Krokus wohl eine Frühlingsblume, doch man kann ihn auch schon im Winter zum Blühen bringen. Setzen Sie die Zwiebeln so in eine Mischung aus Sand und Substrat, dass die Spitzen oben noch heraus schauen. Nach 3 bis 4 Wochen an einem hellen Standort bilden sich die ersten neuen Triebe.

Tazetten

Die Tazette ist eine sehr dankbare Narzissenart: Ob man sie in Sand oder Substrat setzt oder in eine mit Wasser und Steinen gefüllte Vase – sie blüht immer! Achten Sie nur darauf, dass die Spitzen stets heraus schauen. Ende November gepflanzt und an einen hellen Ort gestellt, blüht sie rechtzeitig zu Weihnachten.

Vogelfutter
Singvögel haben es im Winter nicht leicht und freuen sich über unsere Futtergaben. Sie brauchen vor allem Fett, Samen und Nüsse. Haben Sie jedoch erst einmal mit dem Füttern begonnen, müssen Sie es auch weiter machen, denn die Vögel gewöhnen sich sehr schnell an eine neue Futterstelle!

Tannenzapfen
Kokosfett in einem Topf zerlassen und gehackte Nüsse und Vogelfutter hinein geben. Vom Herd nehmen, gut mischen und in leicht erkaltetem Zustand in große Tannenzapfen drücken. An einer Schnur draußen im Garten oder auf dem Balkon aufhängen.

Stern
Die Futtermasse wie oben vorbereiten, in Plätzchenformen geben und gut glatt streichen. Nach dem Erkalten aus der Form nehmen und einen Draht zum Aufhängen durchziehen.

Grasstern
Hier wurden Haselnüsse, Walnüsse und Mandeln auf einen Heustern geklebt. Solche Rohlinge gibt es in der Weihnachtszeit beim Blumenhändler fertig zu kaufen.

Stechpalme
Kein Weihnachten ohne die Stechpalme mit ihren dornenbewährten Blättern. Sie macht sich besonders dekorativ in Kränzen aus Tannengrün. Als Topfpflanze braucht sie viel Licht und Feuchtigkeit und kann im Frühjahr in den Garten gepflanzt werden.

Türkranz
Ein weihnachtlicher Türkranz einmal anders: Pappelzweige und Hafergräser zu einem Herzen formen, mit Bast umwickeln und mit Tazettenzwiebeln und getrockneten Pilzen dekorieren.

Blätterkranz
Das Schlichteste ist oft am Schönsten: Dieser Kranz besteht aus Steineichenlaub, das büschelweise mit Blumendraht auf einem Kranzrohling aus dem Blumengeschäft befestigt wurde. Achten Sie darauf, dass die Büschel stets in dieselbe Richtung zeigen, damit der Kranz schön gleichmäßig aussieht.

Winter- und Weihnachtsessen

Kuchen und Konfekt

Mozartkugeln

Wenn Sie zu Weihnachten etwas wirklich Exquisites anbieten möchten, versuchen Sie es einmal mit diesem Rezept – eine sehr gute Kopie des Salzburger Originals! Je dunkler die Schokolade ist, desto besser lässt sie sich verarbeiten und desto feiner schmeckt das Resultat. Es funktioniert aber auch mit Kuvertüre.

Ergibt etwa 35 Stück
500 g Marzipan
2 EL Cognac
150 g Nougat
150 g Zartbitterschokolade
Kakaopulver

Marzipan und Cognac gut verkneten, die Masse in 35 Stücke zerteilen und leicht flach drücken. Den Nougat in 35 kleine Würfel schneiden, je einen Würfel auf ein Stück Marzipan legen und das Ganze zur Kugel rollen. Das ist zunächst eine etwas klebrige Angelegenheit, wird aber allmählich leichter.
Die Schokolade auf niedriger Temperaturstufe im Wasserbad schmelzen. Die Marzipankugeln hinein tauchen, auf Backpapier setzen und sofort mit Kakaopulver bestäuben.
Zum Servieren inKonfektkapseln setzen.
Die Mozartkugeln in einem luftdicht verschließbaren Behälter aufbewahren.

Selbst gemachtes Marzipan

Mandeln schälen und in ein Messgefäß geben. Puderzucker im gleichen Volumenverhältnis abmessen. Die Mandeln im Mixer etwa eine halbe Minute lang fein mahlen.
Mandelmehl und Puderzucker verkneten und nach und nach Eiweiß zugeben, bis die gewünschte Marzipankonsistenz erreicht ist.
Wenn Sie das Marzipan zu Kugeln oder Figuren weiter verarbeiten wollen, bestäuben Sie die Hände mit ein wenig Puderzucker – dann klebt es nicht so.

Marzipan- und Nougatschnitten

Diese Marzipanschnitten sind eine alte Familientradition bei den Løwes. Machen Sie eine ordentliche Portion, denn sie wandern fast von selbst vom Teller!

Ergibt 30 Stück
50 g Mandeln
600 g Marzipan
400 g Nougat
50 g Pistazien

Mandeln hacken und mit dem Marzipan verkneten.
Die Masse in 5 gleich große Portionen teilen und diese jeweils zu dünnen Streifen ausrollen. Dafür, wenn nötig, die Arbeitsfläche mit Puderzucker bestäuben.
Den Nougat im Wasserbad schmelzen. Die erste Lage Marzipan in eine Kastenform legen und mit einer dünnen Schicht Nougat bestreichen. Dann die zweite Lage Marzipan darüber legen, mitNougat bestreichen und den Vorgang wiederholen, bis alles aufgebraucht ist. Die oberste Nougatschicht mit Pistazien bestreuen und das Ganze in den Kühlschrank stellen.
Zum Servieren in Quadrate schneiden.

Kandierter Ingwer

Eine spannende Alternative zum traditionellen Weihnachtsgebäck, die sich auch wunderbar als Kuchendekoration eignet!

400 g frischer Ingwer
100 ml Wasser
etwa 400 g Zucker

Ingwer schälen und in dünne Scheiben schneiden.In etwas Wasser etwa 30 Minuten lang weich kochen. Abgießen und abkühlen lassen.
Ingwerscheiben in ein Messgefäß geben und Zucker im gleichen Volumenverhältnis abmessen. Ingwer und Zucker mit 100 ml Wasser in einen Topf geben und unter Rühren so lange erhitzen, bis die Zuckerlösung fast völlig eingekocht und der Ingwer transparent geworden ist.
Den Ingwer in eine Schüssel mit Zucker geben und so lange rühren, bis dieser völlig damit überkrustet ist. Zum Trocknen auf Backpapier legen und in einem luftdicht verschließbaren Gefäß aufbewahren.

Schokoladentrüffel

Für diese feinen Trüffel soll die Schokolade so dunkel wie möglich sein. Verzieren Sie sie mit kandiertem Ingwer oder ein paar Safranfäden.

Ergibt etwa 40 Stück
150 ml Sahne
550 g Zartbitterschokolade, gehackt
4 EL Butter
10 fein gemahlene Kaffeebohnen oder
1 EL Espressopulver
Weiße Schokolade zur Garnierung

Die Sahne auf die Hälfte des Volumens einkochen, vom Herd nehmen. 400 g der Schokolade unter Rühren darin auflösen. Butter und Kaffeepulver zugeben.
Die Mischung in eine flache Form geben und in den Kühlschrank stellen. Wenn sie fest geworden ist, in kleine Stücke schneiden.
Die restliche Schokolade im Wasserbad schmelzen, die Trüffelstücke hinein tauchen und zum Abkühlen auf Backpapier legen. Mit etwas geriebener weißer Schokolade bestreuen. An einem kühlen und trockenen Ort aufbewahren.

Schokokonfekt mit Pistazien

Ein exquisites Konfekt mit feinem Orangengeschmack!

Ergibt ca. 45 Stück
100 g Palmin
200 g Zartbitterschokolade
1 Ei
fein geriebene Schale einer Orange
50 g Pistazien, fein gehackt

Palmin mit der Schokolade im Wasserbad schmelzen.
Das Ei schaumig schlagen und langsam und vorsichtig in die Schokoladenmasse gießen. Gut verrühren.
Die Orangenschale zugeben, die Mischung vorsichtig in Konfektkapseln aus Metall gießen und mit Pistazien bestreuen.
An einem kühlen und trockenen Ort aufbewahren.

Luzia-Wecken

In Skandinavien feiert man am 13. Dezember das Luzia-Fest. Dabei dürfen „Lussekatter," die traditionellen Heißwecken, nicht fehlen! Man kann sie übrigens sehr gut vorbereiten, einfrieren und dann im Backofen aufbacken.

Ergibt etwa 15 Stück
100 g Butter
250 ml Milch
1 g Safran, zerstoßen
100 g Zucker
25 g Hefe
2 El handwarmes Wasser
1 Ei
500–600 g Mehl
Rosinen
Eigelb zum Einpinseln

Hefe in einer Schüssel zerdrücken und in dem asser auflösen. Die Butter zerlassen. Milch, Safran und Zucker zugeben, gut verrühren. Ei, Mehl und die aufgelöste Hefe in die lauwarme Mischung geben und alles zu einem glatten Teig verkneten. Den Teig in eine Schüssel geben, mit Klarsichtfolie abdecken und warm stellen. Nach etwa 45 Minuten gut durchkneten und noch einmal 30 Minuten gehen lassen.
Den Teig aus der Schüssel nehmen, wiederum gut durchkneten und in 15 gleich große Stücke teilen. Die Teigstücke zu Würsten rollen und zu einem S-Schnörkel formen. Die fertigen Lussekatter mit dem Eigelb einpinseln und mit Rosinen verzieren. Im 220 °C heißen Ofen ca. 10 Minuten goldgelb backen. Auf einem Kuchengitter abkühlen lassen.

Pfefferkuchen-Grundteig

Dieser Grundteig wurde für alle Pfefferkuchen-Kreationen in diesem Buch verwendet.
Der fertige Teig soll weich und geschmeidig sein. Wenn er Ihnen ein wenig zu weich vorkommt, denken Sie daran, dass er vor dem Verarbeiten mindestens einen Tag lang im Kühlschrank ruhen muss – dabei quillt das Mehl etwas auf und der Teig wird fester!

250 g Butter oder Margarine
200 ml dunkler Sirup
250 g Zucker
3 El Zimt
1 Tl Kardamom
1 Tl Ingwerpulver
1 Tl Gewürznelkenpulver
200 ml Wasser
1 Tl Backpulver
700 g Mehl

Butter in einem Topf zerlassen und den Sirup unter Rühren dazu geben. Zucker und Gewürze mit der Sirupmischung in eine Rührschüssel geben, Backpulver und Mehl darüber sieben und alles zu einem glatten Teig verarbeiten. Den Teig in Klarsichtfolie wickeln und für mindestens einen Tag in den Kühlschrank legen, am besten jedoch 2–4 Tage.

Den Teig zum Verarbeiten weich kneten, jedoch kein Mehl mehr zugeben, da die fertigen Kuchen dann leicht zu trocken werden. Etwa 3 mm dick ausrollen, Figuren ausstechen und auf ein eingefettetes oder mit Backpapier ausgelegtes Backblech legen.
Die Pfefferkuchen bei 175 °C etwa 4–6 Minuten backen und auf einem Kuchengitter abkühlen lassen. In einem luftdicht verschließbaren Behälter aufbewahren.

Pfefferkuchenkranz

Eine hübsche und dazu noch essbare Alternative zum traditionellen Weihnachtskranz aus Tannengrün. Zum Aufhängen an die Wand oder eine Tür.

1/2 Portion Grundteig
Ausstechförmchen in Blattform

Den Teig 3 mm dick ausrollen, Blätter ausstechen und diese kreisförmig auf ein eingefettetes oder mit Backpapier ausgelegtes Backblech legen. Sie sollen sich leicht überlappen. An den Nahtstellen leicht zusammen drücken. Bei 175 °C etwa 6–8 Minuten backen und auf einem Kuchengitter abkühlen lassen.

Pfefferkuchenkranz

Verzieren Sie das fertige Pfefferkuchenhaus wie auf Seite 100 mit Zuckerglasur. Wer mag, kann es auch mit allerlei Süßigkeiten bunt bekleben!

1 Portion Grundteig
300 ml Zucker für den Karamell oder
Puderzucker und Wasser oder Zitronensaft für den Zuckerguss

Zeichnen Sie zuerst die Bauteile auf Papier oder Pappe vor und schneiden sie aus. Es empfiehlt sich, die Schablone zur Probe zusammen zu kleben, um sicher zu gehen, dass die Teile zusammen passen.
Den Teig 3 mm dick ausrollen und nach der Schablone zurecht schneiden. Auf ein eingefettetes oder mit Backpapier ausgelegtes Backblech legen und bei 175 °C etwa 7–10 Minuten backen. Sollte der Teig beim Backen aus der Form gelaufen sein, sofort mit dem Messer korrigieren.
Den Zucker in einer Pfanne erhitzen, bis er braun wird. Die Bauteile des Pfefferkuchenhauses mit dem so entstandenen Karamell zusammen kleben. Wer sich nicht an den Karamell heran traut, nimmt zum Zusammensetzen einfach Zuckerguss.
Mit Zitronensaft angerührt wird der Guss härter!

Pfefferkuchenbäumchen

Wer nur eine Sorte Ausstecher hat, macht einfach kleine Sterntürmchen, das sieht genauso hübsch aus.

1/2 Portion Grundteig
4 verschieden große Ausstecher in Strenform
Puderzucker
Wasser
Zimtstangen
Bast

Den Teig 3 mm dick ausrollen, Sterne ausstechen und bei 175 °C etwa 4–6 Minuten backen. Auf einem Kuchengitter abkühlen lassen. Sie brauchen pro Bäumchen je 6 Sterne in jeder Größe.
Puderzucker und Wasser zu einer dickflüssigen Glasur verrühren und die Sterne damit in absteigender Größe (wie auf Abbildung Seite 101) aufeinander kleben. Einen kleinen Stern mit Zuckerguss aufrecht auf der Spitze befestigen.
Zimtstangen in etwa 5 cm lange Stücke schneiden, zu mehreren mit mit Bast zu einem „Baumstamm“ verschnüren und das Sternbäumchen darauf kleben.

Marzipanfiguren

Das Figurenmachen ist einfacher, als es aussieht – Übung macht den Meister! Fangen Sie mit dem Schneemann an.

Schneemann
250 g Marzipan
1 Tl Kakaopulver
Speisefarbe in Orange
Kristallzucker
Schokolade, gerieben

Das Marzipan weich kneten und eine kleine Menge für Hut und Nase abnehmen. Die Masse für den Hut mit Kakaopulver, für die Nase mit ein paar Tropfen Lebensmittelfarbe in Orange verkneten. Zuerst eine große Kugel für den Körper und eine kleinere für den Kopf formen, dann die Arme modellieren. Den fertigen Schneemann anschließend in Kristallzucker wälzen und die Zuckerkörner ein wenig andrücken, damit sie haften bleiben. Dann Hut und Nase aufsetzen und gut andrücken. Schokolade im Wasserbad schmelzen. Backpapier zu einer Tüte drehen und die Schokolade einfüllen, die Spitze abschneiden und dem Schneemann Augen, Mund und Knöpfe aufspritzen. Der Stock besteht aus einem in Schokolade getauchten Streichholz.

Marzipanbärchen
250 g Marzipan
1 El Kakaopulver
Zucker
Schokolade

Marzipan und Kakaopulver zusammen weich kneten und daraus einen Bären formen. Orientieren Sie sich an der Abbildung – wenn der Schneemann erst einmal gelungen ist, wird der Bär Ihnen leicht von der Hand gehen. Den Bären in Zucker wälzen, leicht andrücken. Die Augen aus weißem Marzipan formen.
Schokolade im Wasserbad schmelzen. Backpapier zu einer Tüte rollen und die Schokolade einfüllen, die Spitze abschneiden und Pupillen aus Schokolade auf die Augen setzen. Denken Sie auch an die Bärenschnauze!

Herzkekse

Setzen Sie die Kekse am besten erst kurz vor dem Servieren zusammen, sonst werden sie durch die Konfitüre leicht zu weich.

Ergibt etwa 40 Stück
100 g Butter
250 g Zucker
1 großes Ei
250 g Mehl
1/2 Tl Backpulver
1 Msp Salz
2–3 El Milch
Herz-Ausstechförmchen in zwei Größen
Zucker
Himbeer- und Aprikosenkonfitüre

Zucker und Butter schaumig rühren und das Ei zugeben. Mehl und Backpulver darüber sieben, Milch und Salz zugeben und zu einem Teig verarbeiten. Wenn dieser zu trocken wird, etwas mehr Milch zugeben. Den fertigen Teig in Klarsichtfolie wickeln und mindestens 1 Stunde in den Kühlschrank legen.
Zum Verarbeiten 4 mm dick ausrollen und Herzen ausstechen. Die Hälfte davon kann sofort abgebacken werden. In die restlichen Herzen mit der kleineren Form ein Herz aus der Mitte ausstechen und anschließend mit Zucker bestreuen.
Die Kekse auf ein eingefettetes oder mit Backpapier ausgelegtes Backblech legen und bei 200 °C 5–7 Minuten backen, bis sie gerade eben Farbe bekommen. Abkühlen lassen.
Kurz vor dem Servieren je zwei Kekse mit etwas Konfitüre zusammen kleben, das Herz mit dem Loch natürlich zuoberst. Eventuell einen extra Klecks Konfitüre in die Mitte geben.

Himbeerkekse

Die Himbeerkekse werden nach demselben Grundrezept wie die Herzkekse gearbeitet, gehen aber etwas schneller.

Ergibt etwa 40 Stück
1 Portion Grundteig
200 ml Himbeerkonfitüre
Puderzucker

Den Teig 4 mm dick ausrollen. Mit einem Trinkglas Kreise ausstechen und jeweils einen Klecks Himbeerkonfitüre darauf geben. Die Kreise so zusammen klappen, dass sich Halbmonde bilden. Den Außenrand etwas andrücken.
Die Kekse auf ein eingefettetes oder mit Backpapier ausgelegtes Backblech legen und bei 200 °C 5 Minuten backen. Auf einem Kuchengitter abkühlen lassen.
Die Kekse in einem luftdicht verschließbaren Behälter aufbewahren.

Luzia-Stäbe

Diese Stäbe werden beim traditionellen Kerzen-Umzug am Luziafest getragen – siehe Abbildung Seite 94 – und können hinterher einfach aufgegessen werden! Sie bestehen zwar aus Pfefferkuchenteig, sollen aber nicht braun werden – daher die niedrige Backtemperatur.

Ergibt 10 Stäbe
100 g Butter
200 g Zucker
4 Eiweiß
400 g Mehl
1 Tl Hirschhornsalz
1 El Vanillezucker
Rote Lebensmittelfarbe

Butter zerlassen. Zucker und Eiweiß in eine Schüssel geben und so lange rühren, bis sich der Zucker aufgelöst hat. Zusammen mit Hirschhornsalz und Vanillezucker zu der Butter geben. Das Mehl darüber sieben und alles zu einem glatten Teig verarbeiten.
Die eine Hälfte des Teiges mit ein paar Tropfen Lebensmittelfarbe rosa einfärben. Den Teig vor dem Verarbeiten in Klarsichtfolie wickeln und mindestens eine Stunde in den Kühlschrank stellen.
Beide Teighälften jeweils wieder halbieren. Die eine Hälfte von jeder Farbe in je 10 Stücke schneiden und zu langen Würsten rollen. Je eine rote und eine weiße Teigwurst zu einem ca. 15 cm langen gestreiften Stab zusammen drehen.
Den restlichen Teig 5 mm dick ausrollen und daraus Sterne ausstechen. Stäbe und Sterne auf ein eingefettetes oder mit Backpapier ausgelegtes Backblech legen und bei 125 °C etwa 20–25 Minuten backen. Auf einem Kuchengitter abkühlen lassen.
Auf jeden Stab mit etwas Zuckerkaramell (siehe Rezept für das Pfefferkuchenhaus Seite 99) oder Zuckerguss einen Stern kleben.

Ingwerkuchen

Dieser Kuchen ist wunderbar saftig und schmeckt kräftig nach Ingwer. Wenn Ihnen die Sternbäumchen zu aufwändig sind, machen Sie einfach runde, mit Zuckerguss glasierte Plätzchen.

Ergibt 4 Sternbäumchen
250 ml Sonnenblumenöl
350 g brauner Zucker
3 Eier
200 g Mehl
2 Tl Backpulver
1/2 Tl Salz
1 Tl Zimt
2 Tl Ingwer
1/2 Tl Kardamom
Puderzucker zum Bestäuben

Das Öl mit dem Zucker schaumig schlagen. Nach und nach die Eier dazu geben. Gewürze, Mehl und Backpulver darüber sieben und gut verrühren. Den Teig ein gefettetes tiefes Backblech gießen und bei 200 °C etwa 35–45 Minuten backen.
Aus dem abgekühlten Teig Sterne in verschiedenen Größen ausstechen und zu einem Bäumchen aufeinander schichten. Einen Keksstern an der Spitze befestigen und das Ganze mit Puderzucker bestäuben.

Biscotti mit Mandeln und Amaretto

Biscotti sind eine italienische Spezialität. Man serviert sie zu Vin Santo, einem toskanischen Dessertwein, oder mit einem guten Espresso. Experimentieren Sie auch einmal mit Schokolade-, Ingwer- oder Kardamomgeschmack.

Ergibt 30 Stück
125 g Butter
50 g Zucker
1 Ei
50 g ganze Mandeln
150 g Haferflocken
150 g Mehl
2 Tl Backpulver
2 Tl Zimt
2 El Amaretto
150 ml Milch

Butter und Zucker schaumig rühren, dann das Ei zugeben. Nach und nach die restlichen Zutaten zugeben und zu einem Teig verarbeiten.
Den Teig zu zwei flachen Broten formen und auf ein gefettetes oder mit Backpapier ausgelegtes Backblech legen und bei 200 °C 20 Minuten backen. Die Brote sofort in 1 cm dicke Scheiben schneiden und wieder auf das Backblech legen. Die Temperatur auf 100 °C herunter schalten und noch einmal etwa 30 Minuten backen, bis die Biscotti trocken sind. In einem luftdicht verschließbaren Behälter aufbewahren.

Schneekristalle

Die zarten, essbaren Schneekristalle (siehe Abbildung Seite 110) sind ein Hingucker im Weihnachtsbaum oder Adventskranz. Keine Angst – sie sind nicht so kompliziert zu machen, wie sie aussehen.

Ergibt etwa 20 Stück
250 g Puderzucker
2 große Eiweiß
1 Tl Wasser oder Zitronensaft

Zum Verzieren:
Zucker
Silberperlen

Puderzucker, Eiweiß und Wasser im Mixer 10 Minuten lang zu einer dicken Masse verarbeiten. Wird sie zu steif, tropfenweise Wasser zugeben, bis die gewünschte Konsistenz erreicht ist. Die Masse in eine Spritztüte geben.
Eiskristalle auf Papier vorzeichnen, Backpapier darüber legen und mit der Spritztüte nachzeichnen. Mit Zucker bestreuen und mit Silberperlen verzieren. Die Kristalle mindestens 3 Tage lang trocknen lassen, dann vorsichtig vom Papier abziehen und auf Seidenpapier aufbewahren.

Bäumchen aus Shortbread

Shortbread ist ein Mürbeteiggebäck und kommt ursprünglich aus Schottland. Wir haben das traditionelle Weihnachtsrezept mit ein paar Pinienkernen, Mandeln und Walnüssen aufgelockert.

Ergibt etwa 20 Stück
500 g Butter, gewürfelt
500 g Mehl
150 g Puderzucker
50 g Maisstärke
1 Msp Salz
Pinienkerne, Walnüsse und Mandelsplitter

Butter, Puderzucker, Mehl, Salz und Maisstärke in eine Schüssel geben. Die Butter mit den Fingerspitzen darin verreiben, bis alles zusammen hängt.
Den Teig noch einmal gut verkneten und 4 mm dick ausrollen. Bäumchen ausstechen oder mit dem Messer ausschneiden, auf ein eingefettetes oder mit Backpapier ausgelegtes Backblech legen und mit den Nüssen und Mandeln bestreuen. Bei 175 °C 10–15 Minuten goldgelb backen. Auf einem Kuchengitter abkühlen lassen.
In einem luftdicht verschließbaren Behälter aufbewahren.

Panforte

Panforte ist ein würziger italienischer Weihnachtskuchen. Durch die Mengen von getrockneten Früchten ist er sehr gehaltvoll. Panforte schmeckt frisch am besten, lässt sich aber auch sehr gut einfrieren.

Ergibt zwei kleine Kuchen
100 g Butter oder Margarine
500 ml Milch
50 g Hefe
100 g Zucker
1 Tl Zimt
1 Tl Kardamom
1/2 Tl Ingwerpulver
150 g getrocknete Früchte wie Rosinen, Sukkade oder Zitronat
600 g Mehl
1 Eigelb zum Einpinseln

Milch in einem Topf geben und die Butter darin auflösen. Hefe in eine Rührschüssel geben und die warme Mischung darüber geben, gut verrühren. Zucker, Gewürze und Backobst dazu geben.
Das Mehl darüber sieben und alles zu einem Teig verarbeiten.
Die Schüssel mit Klarsichtfolie abdecken und 30 Minuten warm stellen. Den Teig aus der Schüssel nehmen, kräftig durchkneten und auf zwei kleine eingefettete oder mit Backpapier ausgelegte Kuchenformen verteilen und noch einmal 20 Minuten gehen lassen. Mit verquirltem Eigelb einpinseln und bei 220 °C 15–20 Minuten backen. Sofort aus der Form nehmen und auf einem Kuchengitter abkühlen lassen.

Liebe geht durch den Magen

Das Zubereiten von Essen gehört zu den kreativsten Aktivitäten überhaupt. Dabei werden alle Sinne beansprucht – nicht allein der Geruchs- und Geschmackssinn, sondern auch die Fähigkeit, Ästhetik wahrzunehmen und selbst zu schaffen. Wirklich gutes Essen ist mit Liebe gemacht worden – es ist schon etwas dran an der alten Redensart, dass Liebe durch den Magen geht.
Sie entgegnen nun vielleicht, dass es nichts mit Liebe zu tun hat, sich in der Adventszeit mit dem Backen von sieben verschiedenen Sorten von Weihnachtskeksen abzumühen, die am Ende doch niemand isst. Da haben Sie natürlich völlig recht. Dann reichen ein oder zwei Sorten völlig aus.

Hier ist eine Idee: Laden Sie einmal fünf Freunde zu einem Backabend ein. Jeder bringt die Zutaten für ein Rezept mit und am Ende gehen alle mit sechs verschiedenen Sorten von Gebäck nach Hause. Wir haben es selbst versucht und es war ein toller Erfolg. Nach einem schönen, kreativen Abend im Kreise unserer besten Freunde waren unsere Keksdosen randvoll mit Leckereien, an denen wir selbst uns noch nie versucht hatten.

Für uns geht einfach nichts über die vorweihnachtlichen Gerüche und Aktivitäten in der Küche – der Duft von Ingwer, Kardamom und frisch gemachtem Marzipan. Doch Sie haben wohl schon gemerkt, dass dies nicht die Sorte von Buch ist, in dem zu lesen steht, wie die Weihnachtsgans schön kross wird oder wie lange man den Rotkohl kochen muss. So etwas finden Sie in der Adventszeit in jeder Frauenzeitschrift. Hier geht es vor allem um den Spaß an der Sache.

Lasst uns essen, trinken und uns des Lebens freuen!

Frühstück

Joghurt mit Honig und Nüssen

Die „Weihnachtsvariante" des Frühstücks-Klassikers!

Ergibt 4 Portionen
800 ml Joghurt natur
100 g Pistazien, Walnüsse und Haselnüsse
4 El Honig

Joghurt auf vier Gläser verteilen, Nüsse und Honig darüber geben, umrühren – fertig zum Servieren!

Knusper-Müsli

Selbst gemachtes Müsli ist schnell gemacht und schmeckt viel besser als fertig gekauftes. Schmeckt mit Joghurt, Milch oder Orangensaft.

Ergibt 4 Portionen
400 g Haferflocken
50 g Mandelsplitter
50 g Pistazien
2 El Sonnenblumenöl
2 El Honig
50 g Rosinen
100 g getrocknete exotische Früchte, z. B. Mango, Ananas etc.
30 g Kokosflocken

Haferflocken, Mandeln und Pistazien auf ein tiefes Backblech streuen, Öl und Honig darüber träufeln und bei 200 °C im Backofen 5–6 Minuten rösten, dabei gelegentlich umrühren, damit sich der Honig gleichmäßig verteilt.
Abkühlen lassen und gut mit den restlichen Zutaten mischen. In einem luftdicht verschließbaren Behälter aufbewahren.

Erdbeer- und Bananen-Smoothie

Dieser Milkshake ist der Favorit aller Kinder. Sie können statt der Erdbeeren und Bananen in unserem Rezept natürlich ebenso gut auch andere Früchte und Beeren verwenden.

1 Portion
100 g gefrorene Erdbeeren
1/2 Banane
1 El Zucker
1/2 Tl Vanillezucker
200 ml Milch
Ein paar Eiswürfel

Alle Zutaten im Mixer zu einem cremigen, lockeren Smoothie verarbeiten und in einem hohen Glas servieren.

Blaubeer-Smoothie

Ein wunderbare Gelegenheit, die im Sommer vorsorglich eingefrorenen Blaubeeren zu verwenden! Sommerbeeren sorgen für einenwillkommenen Vitaminschub im Winter.

1 Portion
150 gefrorene Blaubeeren
1 El Zucker
1/2 Tl Vanillezucker
250 ml Milch
Ein paar Eiswürfel

Alle Zutaten im Mixer zu einem cremigen, lockeren Smoothie verarbeiten und in einem hohen Glas servieren.

Dill- und Cheddar-Scones

Eine herzhafte Variante der typisch englischen Scones.

Ergibt 16 Stück
500 g Mehl
2 Tl Backpulver
2 Tl Salz
150 g Butter, gewürfelt
4 Eier
250 ml Sahne
150 g Cheddar, gerieben
2 Bund Dill, gehackt
1 Ei, leicht verquirlt

Mehl, Backpulver, Salz und Butter in den Mixer geben, Ei und Sahne zufügen und zu einem glatten Teig verarbeiten. Cheddar und Dill zugeben und noch einmal gut mixen.
Den Teig gut verkneten, 2 cm dick ausrollen und mit einem Trinkglas Kreise ausstechen. Auf ein mit Backpapier ausgelegtes Backblech legen und mit dem verquirlten Ei einpinseln. Bei 200 °C 15–20 Minuten backen und auf einem Kuchengitter abkühlen lassen.

„Herzlicher Toast"

So ein Spiegelei sorgt für eine nette Überraschung am Weihnachtsmorgen! Achten Sie darauf, dass das Loch in der Mitte groß genug ist, damit das Ei gut garen kann.

1 Portion
1 El Butter
1 Scheibe Toast
1 Ei

Butter einer Pfanne schmelzen. Mit einem Ausstecher ein Herz in die Toastscheibe stechen. Das Brot auf einer Seite leicht anbraten, umdrehen und das Ei in das Loch schlagen. Auf niedriger Temperaturstufe fertig braten.

Leberpastete

Leberpastete ist ein skandinavischer Klassiker. Nach diesem leckeren Rezept ist sie schnell gemacht. Schmeckt besonders gut auf Sauerteigbrot (Siehe Rezept Seite 122)!

Ergibt 8–10 Portionen

400 g Schweineleber
150 g Hack
1 gekochte Kartoffel
1/4 Zwiebel, fein gehackt
2 Anchovis
1 Ei
2 El Mehl
2 Tl Salz
1 Tl Pfeffer
300 ml Milch
3 El Olivenöl

Die Leber fein würfeln und mit den restlichen Zutaten 1–2 Minuten im Mixer zu einer gleichmäßigen, lockeren Masse verarbeiten.
In eine leicht mit Öl eingefettete Kastenform geben.
Bei 150 °C etwa 70–80 Minuten backen.
Die Pastete ist gar, wenn beim Einstechen mit einem Messer klarer Fleischsaft austritt. Zum Servieren abkühlen lassen.

Sauerteigbrot

Ein so einfaches wie leckeres Rezept, das besonders gut zur Leberpastete auf Seite 121 schmeckt!

Ergibt 2 Brote
25 g Hefe
200 ml handwarmes Wasser
1 kg Vollkornmehl
600 ml handwarmes Wasser
50 ml Olivenöl
1 Tl Salz
100 ml Sonnenblumenkerne
1 Tl Kümmel

Die Hefe in 200 ml Wasser auflösen, 50 g Mehl zugeben und glatt rühren. Mit Klarsichtfolie abdecken und 2 Tage bei Zimmertemperatur stehen lassen.
Nach 24 Stunden 200 ml Wasser und 250 g Mehl zugeben. Nach weiteren 24 Stunden die restlichen Zutaten zugeben und alles gut verkneten. Den Teig in Klarsichtfolie wickeln und 2 Stunden gehen lassen. Auf eine bemehlte Arbeitsfläche legen, gut durchkneten und auf 2 eingefettete Brotformen verteilen. Bei 180 °C 60–70 Minuten backen. Aus der Form nehmen und auf einem Kuchengitter abkühlen lassen.

Obstsalat

Nicht nur ein erfrischender Nachtisch, sondern auch ein vitaminreiches Frühstück!

Ergibt 4 Portionen
200 g Erdbeeren
2 Kiwis
1 Honigmelone
2 Orangen
Zucker nach Geschmack

Erdbeeren, Kiwi und Melonen schälen, in kleine Stücke schneiden und in eine Schüssel geben. Die Orangen pressen und den Saft über den Obstsalat geben. Mit Zucker abschmecken.

Bananen- und Kokos-Muffins

Wer zum Frühstück gern etwas Süßes isst, wird von diesen saftigen Muffins begeistert sein! Die Bananen sollen gut reif sein.

Ergibt 18 Stück
375 g Mehl
500 g Zucker
2 Tl Backpulver
1/2 Tl Salz
80 g Butter, zerlassen
2 große Eier
200 ml Milch
2 Tl Vanillezucker
2 Bananen, zerdrückt
1 Banane, fein gewürfelt
100 g Walnüsse, gehackt
200 ml Haferflocken, eingeweicht
50 g Kokosflocken

Mehl, Zucker, Backpulver, Salz und Butter im Mixer glatt rühren. Die restlichen Zutaten zugeben und noch einmal gut mixen, jedoch nicht zu lange. Den Teig auf eingefettete Muffinförmchen verteilen und mit Kokosflocken bestreuen. Bei 200 °C 15–20 Minuten goldbraun backen. Etwas abkühlen lassen, bevor die Muffins aus der Form genommen werden.

Winterpicknick

Selbst gemachte Marshmallows

Marshmallows sind einfach wunderbar, ob in einem Becher heißer Schokolade oder über dem offenen Feuer geröstet!

Ergibt etwa 40 Stück
2 1/2 El Gelatinepulver
100 ml Wasser
400 g Zucker
250 ml heller Sirup
2 Tl Vanillezucker
100 ml Wasser

Gelatine und Wasser im Mixer verrühren, bis sich die Gelatine aufgelöst hat. Die Mischung im Mixer stehen lassen.
Die restlichen Zutaten aufkochen, dann etwa 10 Minuten ziehen lassen, gelegentlich umrühren. Die noch warme Mischung zu der Gelatine in den Mixer geben und etwa 10 Minuten lang zu einer weißen, feinschaumigen Masse verarbeiten, die ihr Volumen etwa verdreifacht hat.
Eine 20 cm lange Kastenform mit Puderzucker bestäuben, die Marshmallowmischung hinein gießen und über Nacht bei Zimmertemperatur stehen lassen. Mit einem angewärmten Messer in Würfel schneiden.
In einem luftdicht verschließbaren Behälter aufbewahren.

Tomaten- und Reissuppe

Wer lieber etwas Herzhaftes mag, nimmt auf Winterausflüge eine Thermoskanne mit Brühe oder mit so einer leckeren Tomatensuppe mit.

Ergibt 4 Portionen
3 El Butter
1 Zwiebel, fein gehackt
1 Knoblauchzehe, fein gehackt
2 El frischer Oregano, fein gehackt
100 g Reis
800 ml Hühnerbrühe
1 Dose Tomaten, 400 g
300 ml Milch
Salz und Pfeffer nach Geschmack

Die Butter in einem Topf zerlassen, Zwiebel und Knoblauch darin glasig dünsten. Oregano und Reis zugeben und so lange weiter dünsten, bis der Reis zu glänzen beginnt. Brühe und Tomaten zugießen und die Suppe 25 Minuten ziehen lassen. Gelegentlich umrühren.
Milch zugeben und die Suppe aufkochen lassen, 3 Minuten weiter kochen. Mit Salz und Pfeffer abschmecken und in eine Thermoskanne füllen.

Die weltbeste Schokolade

Richtig guter Kakao ist mit Trinkschokolade nicht zu vergleichen. Am besten nimmt man dafür Zartbitterschokolade. Zur Abrundung haben wir etwas Vanille dazu gegeben.

Ergibt 4 Portionen
125 g Zartbitterschokolade, gerieben
2 El Wasser
600–800 ml Milch
Mark von 1/2 Vanillestange

Wasser in einem Topf erhitzen und die Schokolade unter Rühren darin auflösen. Milch und Vanillemark zugeben und aufkochen lassen. Zum Servieren in Becher füllen und je ein paar Marshmallows darauf verteilen.

Chocolate Cookies

Es gibt hunderte von guten Rezepten für Schokoladenkekse. In den USA sind sie typischerweise recht groß und weich, nicht knusprig. Dieses Rezept stammt von dort. Himmlisch mit frischer Milch!

Ergibt 20 Stück
250 g brauner Zucker
250 g Zucker
200 g zimmerwarme Butter
2 Eier
1 Tl Vanillezucker
300 g Haferflocken
125 g Mehl
1 Tl Backpulver
1 El Kakaopulver
150 g Kuvertüre, gehackt
200 ml Rosinen
50 g Walnüsse, gehackt

Butter und Zucker im Mixer schaumig rühren. Nach und nach die Eier zugeben, dann den Vanillezucker und die restlichen Zutaten. Den Teig zu kleinen Kugeln formen.
Die Teigkugeln mit reichlich Zwischenraum auf ein eingefettetes oder mit Backpapier ausgelegtes Backblech legen. Bei 200 °C 10 Minuten backen. Auf einem Kuchengitter abkühlen lassen.

Sandwich mit Hühnchen und Aioli

Damit Sie schnell wieder zu Kräften kommen!

Ergibt 4 Sandwiches

Aioli:
200 ml Mayonnaise
2 Knoblauchzehen, fein gehackt

3 Scheiben Vollkornbrot
2 Hähnchenfilets, gebraten
Salatblätter
2 Tomaten
1 Avocado
1 Portion Mozarella
1 El Zitronensaft

Die Mayonnaise mit dem Knoblauch verrühren und die Brotscheiben damit bestreichen. Hähnchenfilet, Tomaten und Avocado in Scheiben, die Salatblätter in Streifen schneiden. Die Avocadoscheiben mit dem Zitronensaft beträufeln, damit sie schön hell bleiben. Alles auf 4 Brotscheiben verteilen und je eine Brotscheibe darauf legen. Jedes Sandwich stilgerecht schräg durchschneiden, sodass sich zwei Dreiecke ergeben.

Würstchen aus der Thermoskanne

Einfacher geht es eigentlich nicht: Würstchen (im Naturdarm) in heißes Wasser legen, bis sie durchgewärmt sind, in eine Thermoskanne geben und mit kochendem Wasser übergießen. So bleiben die Würstchen etwa 3–4 Stunden schön heiß. Brötchen und Senf dazu reichen.

Schokoladen-Brownies

Hier sind die Brownies einmal nicht quadratisch, sondern wurden nach dem Backen mit Ausstechern weihnachtlich in Form gebracht. Was dabei abfällt, wandert gleich in den Mund.

Ergibt etwa 10 Stück
250 g Butter, zerlassen
280 g Puderzucker
1 Tl Vanillezucker
4 Eier
50 g Kakaopulver
100 g Mehl
250 g Zartbitterschokolade, gehackt

Butter, Puderzucker, Vanillezucker und Eier im Mixer gut mischen. Kakao und Mehl zufügen und alles zu einem glatten Teig verarbeiten. Zum Schluss die Schokolade einarbeiten.
Den Teig auf ein mit Backpapier ausgelegtes tiefes Backblech gießen. Mit zwei Lagen Alufolie abdecken und bei 180 °C 90 Minuten backen. Auf einem Kuchengitter abkühlen lassen und vor dem Ausstechen über Nacht bei Zimmertemperatur stehen lassen.

Weihnachtslunch

Räucherlachs mit Limetten

Eine perfekte Kombination: die Limetten geben dem Räucherlachs den gewissen frischen Pfiff. Schmeckt ausgezeichnet zu dem Sauerteigbrot von Seite 122!

Ergibt 4 Portionen
100 g Räucherlachs, in Scheiben
2 El Basilikum, gezupft
1 El Rosmarin, gezupft
Saft einer Limette
2 El Olivenöl
Pfeffer

Den Lachs in Streifen schneiden und mit den Kräutern in eine Schüssel legen. Mit Limettensaft und Olivenöl beträufeln, gut wenden und 30 Minuten bei Zimmertemperatur stehen lassen. Mit frisch gemahlenem Pfeffer gewürzt servieren.

Eingelegter Salzhering mit Sahne und Zwiebeln

Eine neue Variante des skandinavischen Klassikers. Es funktioniert aber eben so gut mit Matjesfilets!

Ergibt 4 Portionen
2 Salzherings- oder Matjesfilets, gewürfelt
1 große rote Zwiebel, fein gehackt
300 ml Schmand
2 Knoblauchzehen, zerdrückt
Frisch gehackter Schnittlauch nach Geschmack
Frisch gemahlener Pfeffer nach Geschmack

Hering und Zwiebel in einer Schüssel mit den restlichen Zutaten gut mischen und mit Pfeffer abschmecken.

Schnelle Heringe

Beinahe hausgemacht: ein herzhaftes, superschnelles und leckeres Rezept für Heringsfreunde! Für Salz- oder Bismarckhering.

Ergibt 4 Portionen
1 Glas Salz- oder Bismarckheringe
1 Möhre, in dünnen Scheiben
1/4 Porreestange, in dünnen Scheiben
1 kleine rote Zwiebel, in Ringen
3 Lorbeerblätter
10 ganze Pfefferkörner

Den Hering aus dem Glas nehmen und beiseite stellen. Die Heringsflüssigkeit in eine Schüssel abseihen, Zwiebeln und Gewürze wegwerfen. Das frische Gemüse, den Hering und die frischen Gewürze zu der Heringsflüssigkeit geben. Vorsichtig mischen – fertig!

Fleischklöße mit Ingwer und Zwiebeln

Das gehackte Lammfleisch für die Klöße am besten beim Schlachter vorbestellen.

Ergibt 4–6 Portionen
300 g Hackfleisch vom Schwein
300 g Hackfleisch vom Lamm
2 Tl Salz
1 große rote Zwiebel, grob geraspelt
3 Knoblauchzehen, fein gehackt
5-cm-Stück frischer Ingwer, gerieben
1 Ei
50 ml Sahne
Pfeffer

Das Hackfleisch mit dem Salz gut verkneten. Zuerst Zwiebel, Knoblauch und Ingwer zugeben, dann Sahne und Ei einarbeiten. Mit Pfeffer abschmecken. Den Fleischteig mit einem Teelöffel zu Klößen formen und in der heißen Pfanne goldbraun braten.

Bruschetta mit Feigen und Parmaschinken

Bruschetta – geröstetes Weißbrot mit Olivenöl, gehackten Tomaten und Kräutern – stammt ursprünglich aus Rom. Unsere Variante passt hervorragend zu einer Bloody Mary.

Ergibt 4 Portionen
8 Scheiben Weißbrot, z. B. Baguette
1 Knoblauchzehe
2 frische Feigen, geviertelt
8 Scheiben Parmaschinken
frische Kräuter nach Geschmack

Die Brotscheiben unter dem Grill goldbraun rösten, sofort mit der Knoblauchzehe einreiben und auf einen Servierteller anrichten. Je eine Scheibe Schinken und ein Feigenviertel darauf legen und mit frisch gehackten Kräutern garnieren.

Gebackene Süßkartoffeln

Die appetitliche goldgelbe Farbe von Süßkartoffeln wird beim Garen noch intensiver. Der leicht süßliche Geschmack passt hervorragend zu den Fleischklößen auf Seite 135.

Ergibt 4–6 Portionen
4 große Süßkartoffeln
Salz und Pfeffer nach Geschmack
100 ml Olivenöl

Die Süßkartoffeln waschen und trocken tupfen. Der Länge nach vierteln und in eine hitzebeständige Form legen. Salzen, pfeffern und mit dem Olivenöl beträufeln. Im Backofen bei 220 °C etwa 20 Minuten backen (zur Probe mit einem Messer einstechen). Sofort servieren.

Taboule

Der leicht säuerliche Couscoussalat ist eine nordafrikanische Spezialität und passt gut auf ein Vorspeisenbuffet. Eine leichte und erfrischende Alternative zu unser gehaltvollen Weihnachtskost!

Ergibt 4–6 Portionen
300 g Couscous, gekocht
2 Frühlingszwiebeln, in dünnen Ringen
1 rote Zwiebel, fein gehackt
15 Kirschtomaten, halbiert
1 Bund Petersilie, fein gehackt
2 El frischer Basilikum, gezupft
Saft von 2 Zitronen
1 Tl Salz
100 ml Olivenöl

Couscous, Frühlingszwiebeln, Zwiebeln, Tomaten und Kräutern in eine Schüssel geben und gut mischen. Zitronensaft, Olivenöl und Salz zu einem Dressing rühren und mit dem Salat mischen, sofort servieren.

Winterlicher Rotkohl

Rotkohl ist nun einmal ein typisches Wintergericht. Selbst gemacht schmeckt er noch einmal so gut!

Ergibt 6–8 Portionen
1 kg Rotkohl
1 rote Zwiebel, fein gehackt
1 Apfel, fein gehackt
50 g Butter
3 El Weißweinessig
500 ml Rotwein
300 ml Fleischbrühe
4 Gewürznelken
4 Pfefferkörner
2 Lorbeerblätter
200 ml Preiselbeer- oder Johannisbeergelee
Salz und Pfeffer

Rotkohl halbieren, den Strunk entfernen. In dünne Streifen schneiden. Butter in einem Topf zerlassen. Kohl, Apfel und Zwiebeln darin auf mittlerer Temperaturstufe 10 Minuten andünsten. Mit Essig, Rotwein und Brühe aufgießen, Gewürze zugeben und etwa 1 Stunde zugedeckt ziehen lassen, bis die meiste Flüssigkeit eingekocht ist. Das Gelee zugeben, gut mischen und weitere 5 Minuten kochen.
Vor dem Servieren mit Salz und Pfeffer abschmecken.

Walnussbrot

Dieses saftige Brot schmeckt auch am nächsten Tag noch lecker. Perfekt zu eingelegtem Hering!

Ergibt 2 Brote
50 g Hefe
2 Tl Honig
600 ml Wasser, zimmerwarm
1 Tl Salz
etwa 650 g Mehl
200 g Walnüsse, gehackt
1 Ei

Hefe und Honig in dem Wasser auflösen. Salz und Mehl einarbeiten und die Walnüsse zugeben. Den Teig gut verkneten.
In einer mit Klarsichtfolie abgedeckten Schüssel 30 Minuten warm stellen, einmal gut durchkneten und weitere 30 Minuten gehen lassen.
Anschließend den Teig auf einer bemehlten Arbeitsfläche gut durchkneten und zu zwei Broten formen. Auf ein eingefettetes oder mit Backpapier ausgelegtes Backblech legen und bei 225 °C etwa 20 Minuten backen.
Die Brote sind fertig gebacken, wenn sie beim Beklopfen der Unterseite hohl klingen. Auf einem Kuchengitter abkühlen lassen.

Brownie-Kuchen

Dieser Kuchen ist schnell gemacht und wunderbar saftig!

Ergibt 8–10 Portionen
300 g Zucker
75 g Mehl
2 Tl Vanillezucker
1/2 Tl Salz
4 El Kakaopulver
150 g Butter, zerlassen
2 Eier
100 g Walnüsse, gehackt
Puderzucker

Zucker, Mehl, Vanillezucker, Salz und Kakao in eine Schüssel geben und gut mischen. Butter und Eier einarbeiten, zum Schluss die Walnüsse zugeben. Den Teig in eine gefettete 25-cm-Springform geben und bei 200 °C etwa 20 Minuten backen. Der Kuchen soll in der Mitte etwas zusammengefallen sein.
Abkühlen lassen. Ein Herz aus einem Bogen Backpapier ausschneiden und die so entstandene Schablone auf den Kuchen legen. Mit Puderzucker bestäuben und Papier entfernen. Mit Schlagsahne servieren.

Bloody Mary

Das Schöne an diesem Drink ist, dass man ihn zu jeder Tageszeit genießen kann – vielleicht macht's der Tomatensaft!

1 Portion
250 ml Tomatensaft
1 Tl Worcestersauce
1 El Zitronensaft
3 cl Vodka
1 Selleriestange
Zerstoßenes Eis

Tomatensaft, Worcestersauce und Zitronensaft mit zerstoßenem Eis im Mixer gut verquirlen und in ein eisgekühltes Glas gießen. Mit einer Selleriestange dazu servieren.

Safranbirnen mit Vanillesauce

Safran gibt dieser Nachspeise den besonderen Geschmack und die intensive Farbe. Machen Sie sie schon am Vorabend und stellen sie über Nacht in den Kühlschrank.

Ergibt 4 Portionen
4 große, feste Birnen
1 l Wasser
700 g Zucker
2 g Safran
Saft und abgeriebene Schale von 1 Zitrone

Birnen im Ganzen schälen, ohne das Kernhaus zu entfernen. Den Stiel stehen lassen. Das Wasser mit Zucker, Safran Zitronensaft und –schale aufkochen und die Birnen darin 30–40 Minuten ziehen lassen, bis sie gar sind. Abkühlen lassen und mit Vanillesauce servieren.

Wintermenu

Blinis mit Räucherlachs und Forellenkaviar

Blinis sind russische Pfannkuchen. Eigentlich werden sie mit Buchweizenmehl gemacht, aber wir haben hier Weizenmehl verwendet.

Ergibt 4 Portionen
250 g Weizenmehl
100 g feines Vollkorn-Weizenmehl
1 Tl Trockenhefe
400 ml zimmerwarme Milch
3 Eigelb
4 Eiweiß
2 El Butter, zerlassen
3 El Sahne
Salz

Belag
200 g Räucherlachs, in Scheiben
100 g Forellenkavier
200 ml Creme fraiche

Mehl und Trockenhefe in einer Schüssel mit der Milch gut verrühren. Die Schüssel mit Klarsichtfolie abdecken und über Nacht in den Kühlschrank stellen.
Die Mischung 2 Stunden vor dem Braten der Blinis aus dem Kühlschrank nehmen. Eigelb, Butter und Sahne zugeben und gut verrühren. Eiweiß steif schlagen und vorsichtig unter den Teig heben. Butter in einer Pfanne erhitzen und den Teig löffelweise hinein geben – man rechnet etwa 1 1/2 Esslöffel Teig pro Blini und es haben 3 Stück in der Pfanne Platz. Wenn sie etwas aufgegangen und auf der Oberseite fest geworden sind, umdrehen. Bis zum Servieren warm stellen. Je 3–4 Blinis auf einen Teller legen, mit Räucherlachs und Forellenkaviar belegen und einen Klecks Creme fraiche darüber geben.

Austern mit Gurken, Kaviar und Vinaigrette

In England und Frankreich verzehrt man zu Weihnachten Mengen von Austern. Bei uns werden sie zwar immer noch als Luxus betrachtet – aber zur Feier des Tages soll auch hier ein Austernrezept nicht fehlen!

Ergibt 4 Portionen
12 Austern
1/2 Salatgurke, in dünnen Streifen
100 ml Rotweinessig
3 El fein gehackte Schalotten
1 El Wasser
50 g schwarzer Kaviar

Die Austern öffnen, den Inhalt vorsichtig auf einen großen Teller befördern und den Saft in eine Schale abgießen. Eine Servierplatte fingerdick mit grobem Salz bedecken und die Austernschalen darauf anrichten. Ein paar Gurkenstreifen auf jede Schale geben.
Essig, Wasser, Zwiebeln und Austernsaft zu einer Vinaigrette rühren. Die Austern in die Schalen zurück legen und mit etwas Vinaigrette übergießen. Zum Schluss einen Löffel Kaviar darauf geben. Sofort servieren.

Gegrillte Hähnchenschenkel mit Honig und Süßkartoffeln

Das Fleisch von Freilandhühnern schmeckt einfach am allerbesten. Reichen Sie dazu Süßkartoffeln, Bratensauce und frische Zitrone.

Ergibt 4 Portionen
4 Hähnchenschenkel
Saft von 1 Zitrone
1 kleiner Bund Thymian, gezupft
1 El Honig
Pfeffer
50 g Butter
100 g Bacon, gewürfelt
3 große Süßkartoffeln, gewürfelt
2 halbierte Zitronen
200 ml Weißwein
200 ml Hühnerbrühe

Die Hähnchenschenkel waschen und mit Küchenpapier abtupfen. Zitronensaft, Thymian, Honig und Pfeffer verrühren und das Fleisch darin 30 Minuten marinieren.
Anschließend in eine hitzebeständige Form legen und mit der Marinade übergießen. Butter, Speckwürfel, Süßkartoffeln und Zitronenhälften dazu geben. Im 200 °C heißen Backofen 20–30 Minuten goldbraun backen.
Die Form aus dem Ofen nehmen und den Bratensaft in einen Topf abgießen. Fleisch und Gemüse warm halten. Bratensaft, Wein und Brühe zusammen aufkochen lassen. Die Sauce ist fertig, wenn sie auf etwa ein Drittel der Flüssigkeit eingekocht ist. Mit Salz und Pfeffer abschmecken.

Panna Cotta mit Brombeeren

Panna Cotta ist eine typisch italienische Nachspeise, die in Geschmack und Konsistenz ein wenig an Crème brulée erinnert. Die frischen Brombeeren sorgen für den frischen Kick!

Ergibt 4 Portionen
500 ml Sahne
200 ml Milch
1 Vanillestange
3 Tl Gelatinepulver
50 ml kochendes Wasser
frische oder gefrorene Brombeeren

Sahne und Milch mit Vanillestange und dem ausgeschabten Vanillemark in einen Topf geben. Aufkochen und 2 Minuten ziehen lassen.
Die Gelatine in dem kochenden Wasser auflösen. Die Sahne vom Herd nehmen und mit der Gelatinemischung gut verrühren. Vanillestange heraus nehmen, die Sahnemischung auf Portionsgläser verteilen und für mindestens 4 Stunden in den Kühlschrank stellen. Mit Brombeeren servieren.

Abendessen mit Freunden

Salat mit Nüssen und Vinaigrette

Der einfachste und beste Salat der Welt – meinen wir. Wenn Sie wirklich guten Balsamicoessig für die Vinaigrette verwenden, brauchen Sie nur ein paar Tropfen.

Ergibt 4 Portionen
150 g Pinienkerne
Olivenöl
Balsamicoessig
4 Portionen Salat: Lollo rosso, Frisee oder Rauke
12 Kirschtomaten, halbiert
4 El Olivenöl
Pfeffer

Die Pinienkerne mit 2 El Olivenöl in der Pfanne goldbraun rösten. In eine Schale geben und etwas Balsamicoessig darüber träufeln. Warm halten. Salat waschen und zupfen.
Salat, Tomaten und Pinienkerne in eine Salatschüssel geben und mit 4 El Olivenöl und 1 Tl Balsamicoessig beträufeln, gut wenden und mit frisch gemahlenen Pfeffer abschmecken. Servieren, solange die Pinienkerne noch warm sind.

Feigen in Vin Santo

Vin Santo ist ein toskanischer Dessertwein, der hervorragend zu Feigen passt. Frische Feigen sind in der Weihnachtszeit schwer zu bekommen – am besten bestellen Sie sie ein paar Tage vorher bei Ihrem Gemüsehändler.

Ergibt 4 Portionen
6 frische Feigen
400 ml Vin Santo
200 ml Sahne

Die Feigen vierteln und in eine Schüssel legen.
Mit dem Wein übergießen und eine Stunde darin marinieren.
Mit leicht geschlagener Sahne servieren.

Dorsch mit Parmaschinken und Tapenade

Eine ungewöhnliche, aber außerordentlich leckere Art und Weise, Fisch zu servieren!

Ergibt 4 Portionen

Tapenade
100 g schwarze Oliven, entsteint
2 Anchovisfilets
2 Knoblauchzehen
1 El Olivenöl
2 El gehackte Petersilie
1 Tl Dijonsenf
Salz und Pfeffer

Alle Zutaten im Mixer pürieren und mit Salz und Pfeffer abschmecken.

Fisch
4 Dorschfilets à 150 g
Olivenöl
4 große Scheiben Parmaschinken
4 große Kartoffeln, in Achteln
2 El Pinienkerne
4 Portionen Rauke

Den Fisch gut waschen und mit Küchenpapier trocken tupfen. Das Öl in der Pfanne erhitzen und den Dorsch darin von beiden Seiten je 2 Minuten braten.
Danach die zuerst die Schinkenscheiben in der Pfanne rösch braten und beiseite legen.
Anschließend die Kartoffeln zusammen mit den Pinienkernen braten.
Salat, Fisch und Kartoffeln auf den Tellern anrichten. Den Fisch mit je einer Scheibe Parmaschinken und einem Löffel Tapenade garnieren und sofort servieren.

Asiatische Alternative

Jacobsmuscheln mit Tomatenvinaigrette

Dieses Rezept ist recht mild – wenn Sie es gern scharf haben, können sie das Gemüse gut mit etwas Chili aufpeppen!

Ergibt 4 Portionen
4 große Jacobsmuscheln
2 Tomaten
1 kleiner Zucchino
1/2 Zwiebel
1 Frühlingszwiebel
2 El Olivenöl
1 El Rotweinessig
Fertige süße Chilisauce

Frische Jacobsmuscheln sind natürlich am Besten – aber es geht natürlich auch mit gefrorenen.
Die Tomaten blanchieren und abziehen, das Innere entfernen. Tomaten, Zucchino, Zwiebel und Frühlingszwiebel fein hacken und in eine Schüssel geben. Mit Olivenöl und Rotweinessig beträufeln, gut mischen und 30 Minuten marinieren lassen.
Die Jacobsmuscheln in einer heißen Pfanne auf beiden Seiten je 30 Sekunden braten. Sie sollen in der Mitte noch leicht roh sein.
Das Gemüse auf Teller verteilen und die Jacobsmuscheln darauf anrichten. Die Chilisauce dazu reichen.

Seeteufel-Carpaccio mit Limetten und Chili

Sie können statt Seeteufel auch Thunfisch verwenden. Wenn Sie den Fisch vorher in die Gefriertruhe legen, lässt er sich leichter in hauchdünne Scheiben schneiden!

Ergibt 4 Portionen
150 g Seeteufelfilet
Saft von 2 Limetten
1 rote Chilischote, fein gehackt
Frischer Koriander (Cilantro), gehackt

Den Fisch einfrieren und in hauchdünne Scheiben schneiden. Auf 4 Teller verteilen, mit Limettensaft beträufeln und mit Chili und Koriander bestreuen. Sofort servieren.

Süßsaure Schweinerippchen mit Süßkartoffelmus

Rippchen einmal ganz anders – auf thailändische Art!

Ergibt 4 Portionen
1 kg Dicke Rippe
200 ml Sojasauce
2 Orangen, halbiert
4 Limetten
100 g frischer Ingwer, in dünnen Scheiben
2 El Zucker
1 El Sesamöl
2 Zimtstangen
200 ml Wasser
Zucker
Salz
Pfeffer
6 große Süßkartoffeln
30 g Butter

Die Rippe mit der Fettseite nach unten in einen Bräter legen. Sojasauce, Orangen, Limetten, Ingwer, Zucker, Sesamöl und Zimt dazu geben und über Nacht in den Kühlschrank stellen. Anschließend das Wasser zugießen und die Rippe umdrehen. Den Bräter mit Alufolie abdecken und im Backofen bei 175 °C 40 Minuten garen, die Folie abnehmen und noch weitere 50–60 Minuten weiter backen. Für die Sauce 100 ml der Bratenflüssigkeit abschöpfen und mit Zucker, Salz und Pfeffer abschmecken.
Die Süßkartoffeln schälen, in Würfel schneiden und in Salzwasser gar kochen. Mit der Butter zu Mus zerstampfen und mit der Sauce zu servieren.

Orangensalat mit Zimt und Schokolade

Orangen haben zur Weihnachtszeit Hochsaison – da sollte man sie unbedingt nutzen! Je dicker die Schale, desto saftiger sind sie.

Ergibt 4 Portionen
4 saftige Orangen
100 ml Wasser
50 g Zucker
1 Vanillestange
1 Zimtstange
50 g Zartbitterschokolade

Wasser und Zucker aufkochen, Vanille- und Zimtstange zugeben und 10 Minuten lang zu Sirup einkochen. Abkühlen lassen.
Die Orangen mit einem scharfen Messer schälen, dabei das Fruchtfleisch rundherum ganz freilegen. Dann die Spalten so heraus schneiden, dass keine Haut daran haften bleibt. Die Orangen dabei mit einer Hand über eine Schüssel halten, um den Saft aufzufangen. Die Orangenspalten auf Tellern anrichten. Orangensaft und Zuckersirup gut verrühren und auf den Orangenspalten verteilen. Zum Schluss etwas Zartbitterschokolade darüber raspeln. Der Orangensalat sollte beim Servieren Zimmertemperatur haben.

Chinese

Weihnachtstafel im Asia-Look: quadratische Teller stehen auf schlichten Platzsets aus Leder. Die Tischdekoration verzichtet auf jedes Muster und ist ganz in Keramikweiß und schlichten Brauntönen gehalten. Für einen dramatischen Farbtupfer sorgt die Schale mit den leuchtend orangefarbenen Kumquats.

Geröstete Kastanien

Esskastanien sind besonders in Süddeutschland eine typische Winterdelikatesse. Auf dem offenen Feuer geröstet und mit etwas Salz noch dampfend heiß gegessen sind sie ein echter Genuss!

Ergibt 4 Portionen
200 g Esskastanien
Salz nach Geschmack

Die Kastanien mit einem scharfen Messer oben kreuzweise einschneiden. Den Boden einer feuerfesten Form mit grobem Salz bestreuen und die Kastanien mit dem Kreuz nach oben darauf setzen. Durch das Salz verteilt sich die Hitze besser und die Kastanien kippen nicht um. Im 200 °C heißen Backofen 20–30 Minuten rösten, bis die Schale aufspringt.
Die fertigen Kastanien werden direkt aus der Schale gegessen. Die pelzige Haut zwischen Frucht und Schale schmeckt bitter und muss entfernt werden. Nach Geschmack mit Salz bestreuen.

Leckere Snacks

Crostini mit Süßkartoffelmus und gegrillter Paprika

Ergibt 4 Portionen
1 Süßkartoffel
2 Knoblauchzehen
1 El Butter
Pfeffer
1 rote Paprika
Olivenöl
12 Baguettescheiben
Olivenöl zum Beträufeln

Süßkartoffel schälen und in kleine Würfel schneiden. In Salzwasser gar kochen und abgießen. Knoblauchzehen pressen, mit Butter und Pfeffer zu den Süßkartoffeln geben und alles zu Mus zerstampfen.
Die Paprika halbieren und die Kerne entfernen. Mit der Wölbung nach oben im 220 °C heißen Backofen 10–15 Minuten rösten, bis die Haut sich schwarz färbt und Blasen wirft. Abkühlen lassen und die Haut abziehen. Paprika in Streifen schneiden.
Die Baguettescheiben mit Öl beträufeln und im noch heißen Ofen leicht rösten. Mit dem Süßkartoffelmus bestreichen und mit ein paar Streifen Paprika garniert servieren.

Pikante Nüsse

Ein pikanter Snack mit feinem Kräuteraroma!

4–6 Portionen
200 g gemischte Nüsse nach Geschmack
1 El Erdnussöl
Je 1/2 Tl Zimt, Ingwerpulver, Chilipulver, Salz und Sesamsamen

Alles zusammen in einem Topf geben und unter Rühren goldbraun rösten.

Lefse mit Gravlachs und Ziegenfrischkäse

Ein leckerer Snack mit typisch skandinavischen Zutaten. Lefse ist ein klassisches norwegisches Flachbrot und wird überwiegend mit Kartoffeln gemacht – hier ist jedoch eine Variante mit Mehl.

Lefse
Ergibt 6 Portionen
200 g saure Sahne (35 % Fett)
200 g Dickmilch
3 El Sirup
3 El Zucker
3 Tl Backpulver
etwa 500 g Weizenmehl

Saure Sahne, Milch, Sirup und Zucker verrühren, Backpulver und Mehl dazu geben. Den Teig vorsichtig durchkneten, er soll nicht zu fest sein. Den Teig in 6 gleich große Stücke schneiden und zu Fladen von etwa 25 cm Durchmesser ausrollen. Mit einer Gabel mehrmals einstechen und 5–7 Minuten bei 230 °C backen.

Gravlachsrollen
6 große Lefsen
200 g Ziegenfrischkäse
2 El Dill, fein gehackt
Pfeffer nach Geschmack
200 g Gravlachs, in Scheiben

Käse, Dill und Pfeffer verrühren und die Lefsen damit bestreichen. Gravlachs darüber legen und zusammenrollen. Die Rollen zum Servieren in 5 cm breite Stücke schneiden.

Heiße Zimtschokolade

Zimt und Schokolade passen nun einmal ideal zusammen!

Ergibt 4 Portionen
125 g Zartbitterschokolade, gerieben
2 El Wasser
600–800 ml Milch
1 Tl Zimt
4 Zimtstangen

Schokolade und Wasser in einen Topf geben und unter Rühren erhitzen, bis die Schokolade sich aufgelöst hat. Milch und Zimt zugeben und kurz aufkochen lassen. Mit einer Zimtstange servieren.

Caffe latte

Caffe latte, die italienische Variante des Milchkaffees, passt besonders gut in die kalte Jahreszeit.

1 Teil Espressokaffee
2 Teile heiße Milch
Kakaopulver, brauner Zucker oder Sirup in verschiedenen Geschmacksrichtungen

Den heißen Espresso in eine große Tasse geben. Die heiße Milch aufschäumen (das geht auch mit einem Schneebesen) und dazu gießen. Nach Geschmack mit Zucker süßen und eine Prise Kakaopulver darüber stäuben. Wer mag, gibt noch einen Schuss Sirup dazu, zum Beispiel mit Haselnuss-, Amaretto- oder Karamellgeschmack.

Bratäpfel mit Zimt und Ricotta

Ergibt 4 Portionen
4 große süße Äpfel
100 g Ricotta
1 El Zucker
1 Tl Zimt

Die Äpfel leicht aushöhlen und dabei das Kernhaus entfernen – das Loch darf jedoch nicht ganz durch den Apfel hindurch gehen! Ricotta, Zucker und Zimt gut verrühren und die Äpfel damit füllen. Im 180 °C heißen Backofen etwa 10–15 Minuten backen, sofort servieren.

Apfelbrötchen

Diese Apfelbrötchen kommen immer gut an. Sie sind kinderleicht zu machen.

Ergibt etwa 20 Brötchen
100 g Butter oder Margarine
500 ml Milch
50 g Hefe
150 g Zucker
1Tl Kardamom
1 Tl Zimt
1 Tl Ingwerpulver
600 g Mehl
20 kleine rote Äpfel

Butter in einem Topf zerlassen, die Milch zugeben und alles schwach erhitzen. Hefe in einer Schüssel zerdrücken und die Milch darüber gießen, gut verrühren. Mit Zucker, Gewürzen und Mehl zu einem glatten Teig verarbeiten. Die Schüssel mit Klarsichtfolie abdecken und 40 Minuten warm stellen.
Den Teig gut durchkneten, in 20 Stücke schneiden und diese jeweils zu einer Rolle formen. Die Äpfel auf ein gefettetes oder mit Backpapier ausgelegtes Backblech setzen und die Teigrollen jeweils zu einem Ring darum herum formen. Noch einmal 20 Minuten lang gehen lassen, dann bei 220 °C etwa 10 Minuten goldbraun backen.

Brombeermuffins mit Crème fraiche

Diese Muffins halten sich eine ganze Zeit frisch und saftig. Man kann sie daher wunderbar auf Vorrat backen!

Ergibt 10 Stück
150 g Mehl
1 1/2 Tl Backpulver
250 g Zucker
1 Tl Zimt
250 ml Creme fraiche
60 g Butter, zimmerwarm
1 Ei
geriebene Schale von einer Zitrone
100 g gefrorene Brombeeren, leicht angetaut

Mehl, Backpulver, Zucker und Zimt in den Mixer geben und nach und nach mit den restlichen Zutaten zu einem glatten Teig verarbeiten. Ganz zum Schluss vorsichtig die Brombeeren einarbeiten. Den Teig auf gefettete Muffinförmchen verteilen und bei 180 °C etwa 20–25 Minuten backen.

Eiergrog

In England wird dieser klassische Weihnachtsdrink „Eggnog" genannt. Für die Kinder lässt man einfach den Rum weg!

Ergibt 2 Portionen
3 Eier
50 g Zucker
10 cl Rum

Alle Zutaten im Mixer etwa 5 Minuten lang goldgelb und schaumig schlagen. Auf Gläser verteilen und sofort servieren.

Getränke

Toddy mit Salbei, Apfelringen und Zimt

Whiskygrog wird in Großbritannien Toddy genannt. Wetten, dass Ihnen dabei warm ums Herz wird?

1 Portion
2 getrocknete Apfelringe
1 Salbeiblatt
1 Zimtstange
3 cl Wisky
1 Tl Honig
Kochendes Wasser

Die Gewürze mit Whisky und Honig in ein Glas geben, mit kochendem Wasser aufgießen und mit der Zimtstange umrühren. Stellen Sie dabei einen Löffel oder Glasstößel in das Glas, damit es nicht springt. Sofort servieren.

Glühwein

Im Winter ist Glühwein bei uns wohl der weitaus bekannteste und beliebteste „Herzwärmer"! Wer mag, gibt noch einen Schuß Rum hinein.

Ergibt 1 Portion
200 ml Rotwein
2 Tl Zucker
Kochendes Wasser

Rotwein und Zucker zusammen erhitzen, in Gläser füllen und mit kochendem Wasser auffüllen. Dabei sollte sich unbedingt ein Glasstößel oder ein Teelöffel im Glas befinden, damit es nicht springt!

Amarettokaffee

Dieser Kaffee ist besonders bei Männern beliebt!

Ergibt 2 Portionen
6 cl Amaretto
300 ml starker Espresso
100 ml Sahne
1 El Ahornsirup
gehackte Walnüsse

Amaretto auf 2 Gläser verteilen und den heißen Kaffee dazu geben. Ahornsirup und Sahne verrühren, steif schlagen und auf den Kaffee geben. Zum Schluss mit ein paar gehackten Walnüssen betreuen.

Heiße Milch mit Mandeln und Vanille

Für gemütliche Abende vor dem Kamin!

Ergibt 2 Portionen
1 Vanillestange
500 ml Milch
100 g geschälte Mandeln
1 El Ahornsirup
1 Tl Vanillezucker

Die Vanillestange in 2 Stücke schneiden und das Mark heraus schaben. Mark und Stange mit der Milch zusammen aufkochen und 5 Minuten beiseite stellen, damit der Vanillegeschmack gut in die Milch einziehen kann. Vanillestange heraus nehmen und die Milch nochmals aufkochen, dann mit den restlichen Zutaten im Mixer gut verarbeiten, bis die Mandeln fein zermahlen sind. Auf Gläser füllen und servieren.

Mulled Wine

Glühwein auf die feine englische Art!

Ergibt 4 Portionen
15 Gewürznelken
1 Orange
50 g brauner Zucker
3 Zimtstangen
2 Zitronen, in Scheiben
500 ml Wasser
1 Flasche Rotwein

Die Orange mit den Gewürznelken spicken und mit Zucker, Zimt, Zitronenscheiben und Wasser in einem Topf geben. Aufkochen lassen und so lange rühren, bis der Zucker gelöst ist. 15 Minuten auf kleiner Flamme ziehen lassen, dann den Wein zugießen und heiß servieren.

Mint Daze

Ein spannender Willkommensschluck für liebe Weihnachtsgäste!

Ergibt 1 Portion
50 g Zucker
2 El Wasser
4 cl Vodka
1 El frische Minze, in feinen Streifen
1 El Limettensaft
Eis
Frische Minze zum Garnieren

Zucker und Wasser in einen Topf geben. Aufwellen lassen und 2 Minuten zu einem dünnen Sirup einkochen. Abkühlen lassen. Vodka, Minze und Limettensaft mischen und mit dem Sirup abschmecken. In ein mit Eiswürfeln gefülltes Glas geben und mit einem Zweig frischer Minze garniert servieren.

Mandarinen-Margarita

Ergibt 2 Portionen
1 Limette, halbiert
Salz
Eis
6 cl Tequila
6 cl Cointreau
1 El Zucker
8 cl Limettensaft
12 cl Mandarinensaft

Den Rand von 2 Gläsern mit Limettensaft benetzen und in Salz tauchen. Die restlichen Zutaten in einem Mixer gut verquirlen und auf die Gläser füllen, sofort servieren. Sie können das Eis entweder mit in den Mixer geben oder die Margarita „on the rocks" servieren.

Grüner Margarita

Ergibt 2 Portionen
1 Limette, halbiert
Grobes Meersalz
6 cl Tequila
2 cl Cointreau
2 cl Curaçao blue
12 cl Limettensaft
1 Tl Zucker
2 Scheiben Sternfrucht zum Garnieren

Den Rand von 2 Gläsern mit Limettensaft benetzen und in Salz tauchen. Die restlichen Zutaten in einem Mixer gut verquirlen und auf die Gläser füllen, servieren. Das Eis wahlweise mit in den Mixer geben. Mit einer Sternfruchtscheibe garniert servieren.

Cointreau Sunset

Ein farbenfroher Drink, der gut zu einer süßen Vorspeise passt.

Ergibt 1 Portion
Zerstoßenes Eis
3 cl Cointreau
2 cl Grenadinesirup
Orangensaft

Ein hohes Glas mit zerstoßenem Eis füllen. Zuerst den Cointreau, dann die Grenadine dazu gießen und mit Orangensaft auffüllen. Sofort servieren.

Register

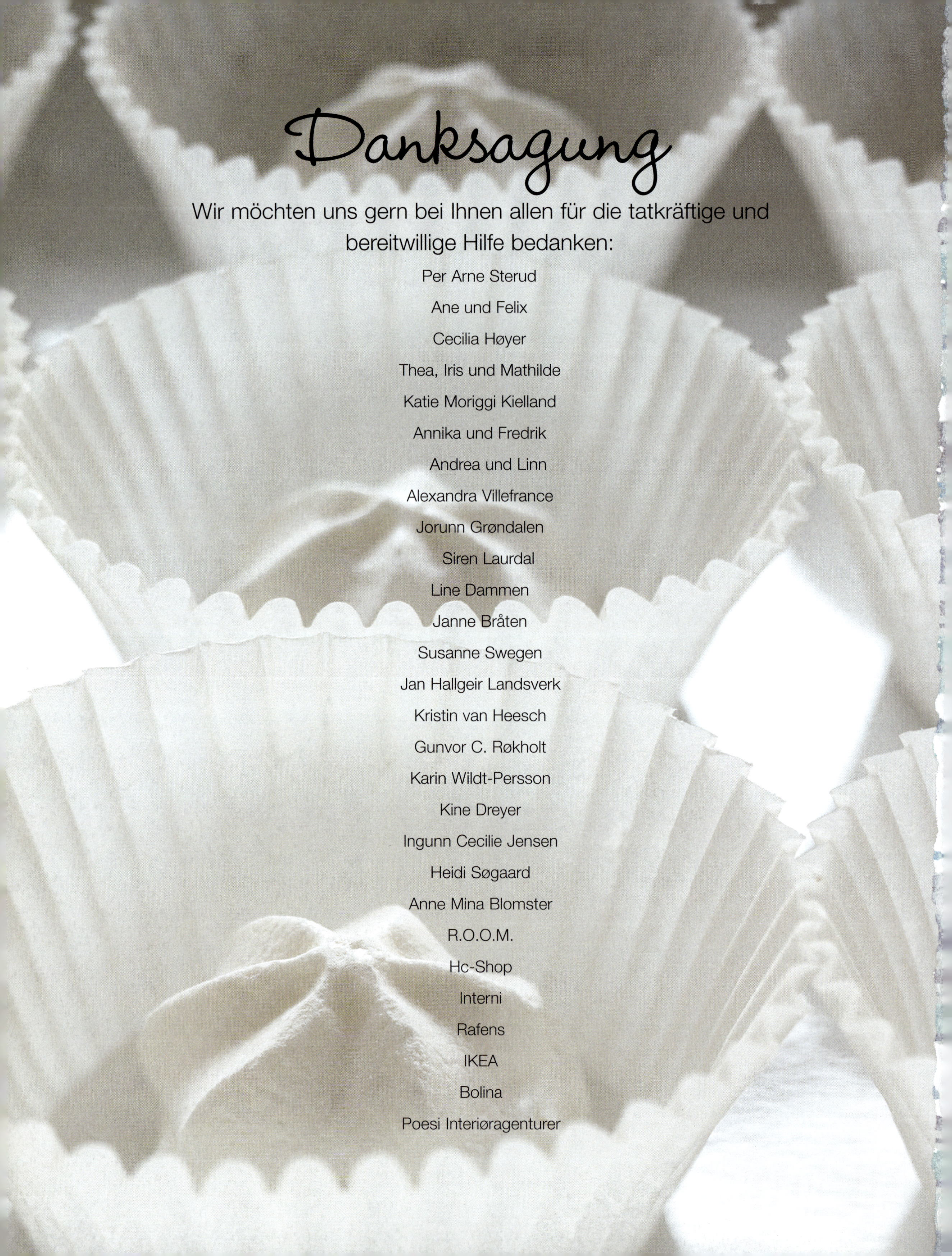

Danksagung

Wir möchten uns gern bei Ihnen allen für die tatkräftige und bereitwillige Hilfe bedanken:

Per Arne Sterud

Ane und Felix

Cecilia Høyer

Thea, Iris und Mathilde

Katie Moriggi Kielland

Annika und Fredrik

Andrea und Linn

Alexandra Villefrance

Jorunn Grøndalen

Siren Laurdal

Line Dammen

Janne Bråten

Susanne Swegen

Jan Hallgeir Landsverk

Kristin van Heesch

Gunvor C. Røkholt

Karin Wildt-Persson

Kine Dreyer

Ingunn Cecilie Jensen

Heidi Søgaard

Anne Mina Blomster

R.O.O.M.

Hc-Shop

Interni

Rafens

IKEA

Bolina

Poesi Interiøragenturer